Die Postgeheimnisse

oder die hauptsächlichsten Regeln welche man beim Reisen und bei Versendungen mit der Post beobachten muß um Verdruß und Verlust zu vermeiden

Heinrich August Raabe

Alpha Editions

This edition published in 2022

ISBN : 9789356789746

Design and Setting By
Alpha Editions
www.alphaedis.com
Email - info@alphaedis.com

Contents

Einleitung.

Das Postwesen ist gegenwärtig eine so ausgebreitete und weitgreiffende Anstalt, welche überall ohne Zweifel die bequemste und wohlfeilste Gelegenheit, etwas zu versenden und Reisen anzustellen, darbietet, daß nicht leicht ein Mensch, der mit andern Menschen in Verbindung steht, desselben entbehren kann, oder sich eines andern Mittels zu jener Absicht bedienen wird. Es ist unstreitig eine der nützlichsten Erfindungen und wohlthätigsten Einrichtungen. Die Post verschaft nicht nur dem Handel- und Gewerbetreibenden Publiko täglich Vortheile und giebt vielen tausend Menschen Unterhalt; sondern sie dienet auch höhern Zwecken für die ganze Menschheit. Das Postwesen ist, seit seiner Einrichtung, ein vorzügliches Mittel gewesen, unsre jetzige Kultur befördern, Wissenschaften und Aufklärung ausbreiten zu helfen, indem es täglich den Gelehrten diente, Entdeckungen mitzutheilen und dem Genius der Humanität den Sieg vorzubereiten. –

Dennoch wird diese Anstalt von einem großen Theile des Publikums, selbst von solchen Leuten, denen sie täglich Nutzen verschaft, nicht gehörig geschätzt und geachtet. Wenigstens giebt man sich nicht überall Mühe genug, die Einrichtungen, welche im Allgemeinen und in den verschiedenen Ländern besonders, bei dem Postwesen gemacht sind, und wodurch dessen Betrieb und Bestand erhalten wird, kennen zu lernen und zu beobachten. Dagegen hört man fast täglich Klagen und Beschwerden über das Postwesen und über Postbediente; daher entstehen so viele Verdrüßlichkeiten, Zänkereien und Streitigkeiten zwischen den Postofficianten und den Reisenden und denen, welche mit der Post etwas versenden, oder empfangen. Aus Unkunde des Postmechanismus entsteht nicht selten Verdruß und Verlust.

Ich glaube daher ein nicht unnützes Geschäft zu übernehmen, wenn ich mich bemühe, hier einige Regeln und Nachrichten mitzutheilen, welche man befolgen muß, um Verdruß und Verlust bei der Post zu vermeiden. – Diese Regeln sollen und können jedoch nur allgemein seyn, und ich kann dabei natürlich nicht auf die eigenthümlichen Posteinrichtungen irgend eines Staats, oder eines Orts, besonders Rücksicht nehmen. Da jedoch die Einrichtungen bei dem Postwesen, so wie es gegenwärtig in Europa beschaffen ist, im Wesentlichen große Aehnlichkeit haben; so wird man sich mit der Befolgung dieser Anweisungen so ziemlich durch alle Länder, wo Posten sind und wo man sich derselben bedienen will, aushelfen können.

Für Leute, welche von Natur nicht zu Zänkereien geneigt sind und die sich alles, was man von ihnen fordert, gefallen lassen und ohne Widerrede thun und geben, was man verlangt, oder welche die Gabe besitzen, sich mit andern über vorkommende Zweifel und Mißverständniße auf eine leichte Art zu vereinigen, bedarf es dieser Regeln größtentheils nicht. Allein solcher Menschen giebt es nicht viel und man kann es nicht fordern, daß alle, welche mit der Post reisen, oder etwas versenden und empfangen, bei vorkommenden Zweifeln, sich, ohne Aufklärung deshalben zu erhalten, beruhigen sollen, zumal man zugeben muß, daß sowohl von Seiten der Postofficianten, als von Seiten der Reisenden und Versender, Irrthümer veranlaßt und begangen werden können. – Jedoch muß ich gleich vorläufig, als eine Hauptregel festsetzen, daß man sich, wie schon Moral und Lebensklugheit heischen, überall bemühen müsse, scheinbare Unbilligkeiten zu ertragen und sich zu beruhigen, wenn man angenehm leben, mithin auch friedlicher und schiedlicher mit der Post Verkehr haben will. Denn jede anscheinende Unbilligkeit sogleich auf der Stelle rächen und ausfechten zu wollen und über jeden, in diesem Fache uns aufstoßenden Zweifel augenblicklich von dem Postbedienten genugthuende Aufklärung zu verlangen, führt gewöhnlich zu noch größern Unannehmlichkeiten und Verdrießlichkeiten.

Statt dessen ist es besser und zweckmäßiger, in allen solchen Fällen, wo man sich bei der Post beleidigt, oder bevortheilt glaubt, sich nicht mit den Officianten in mündliche Discussionen einzulassen, wenn man nehmlich das Recht nicht offenbar auf der Seite hat und der Irrthum klar am Tage liegt, sondern unsre Beschwerden schriftlich aufzusetzen und sie entweder dem Postdirectorio des Landes, oder der Regierung selbst zu übergeben. Von diesen Behörden wird sicherlich Aufklärung des Vorfalls und Genugthuung erfolgen und mehr kann man mit Billigkeit nicht verlangen. Es schadet nichts, wenn eine solche Erklärung, oder Genugthuung, nicht augenblicklich auf der Stelle gegeben wird, sondern erst mit der Zeit erfolgt. Man hat denn doch dadurch schon so viel erlangt, daß man Verdruß und Aerger vermieden hat, welches für die Gesundheit und Zufriedenheit kein geringer Gewinn ist. Die Oberpostämter und Landesregierungen sind denn doch verbunden, die angebrachten Beschwerden gehörig zu untersuchen und zu entscheiden, welches auch von denselben sicher mit größerm Nachdruck und Erfolge geschieht, als von einem Individuo durch Zank mit dem Postbedienten. Falls aber auch auf diesem Wege nichts auszurichten wäre (wie leider bisweilen der Fall seyn kann) so bleibt freilich nichts übrig, wenn man nicht weiter oberrichterliche Hülfe suchen will, als vorläufig die Beschwerden dem Publikum selbst zur Beurtheilung und Nachachtung vorzulegen. –

Ueberhaupt muß man jedoch in allen Fällen, wo wir Beschwerden gegen die Post zu haben glauben, bedenken, daß der Postofficiant nach Vorschrift und Instruction handeln muß und daß er es nicht leicht wagen werde, gegen

Vorschrift und Instruction zu verfahren und dadurch Brodt und Ehre aufs Spiel zu setzen.

Handelt er nach seiner Instruction; so fällt unsre Beschwerde gegen ihn von selbst weg und wir müssen es uns schon gefallen lassen, uns nach den Einrichtungen zu bequemen, welche an diesem Orte in Absicht des Postwesens gemacht sind, wenn wir nicht gegen diese selbst zu Felde ziehen können. Handelt er aber pflichtwidrig; so ist es desto besser, unsre Beschwerden vor seine Obern zu bringen, als sich mit ihm in Zänkerei einzulassen. Es ist über dieß bekannt, daß in den meisten Ländern die Gesetze in dieser Hinsicht ziemlich bestimmt sind und daß nicht leicht eine Regierung mit ihren Bedienten durch die Finger sehen, sondern dem Reisenden und Correspondenten volle Gerechtigkeit widerfahren lassen werde. In manchen Ländern wird der herrschaftliche Bediente, der mit Fremden in Collision geräth, nur zu strenge behandelt und der Fremde oft zu sehr begünstigt. –

Ich will nun erstlich Regeln vortragen, welche man beim Reisen mit der Post beobachten muß, und alsdann zweitens Anweisungen, welche bei Versendungen und beim Empfange von Sachen mit der Post anwendbar sind.

Vom Reisen mit der Post.

Wenn man mit der ordinären Post verreisen will; so wird es nothwendig seyn, sich zu erkundigen, an welchem Tage und zu welcher Tageszeit und Stunde die Post nach dem Orte, wohin man zu reisen gedenkt, abgehet. Dieses wird man leicht aus dem Kalender oder aus der sogenannten Posttabelle des Orts oder Landes, erfahren können. Lächerlich genug ist es, aber der Fall tritt doch häufig ein, daß es Leute giebt, welche sich einbilden, daß sobald sie sich im Posthause zu einer Reise melden, oder einen Brief abgeben, auch gleich eine Post an den Ort, wohin sie zu reisen, oder den Brief zu schicken wünschen, abgehe, oder abgehen müsse. Solche Leute giebt es nicht nur in den sogenannten niedrigen, sondern auch in den höhern Ständen. Und daher kann man schon abnehmen, daß die Einrichtungen des Postwesens noch nicht so allgemein bekannt sind, als sie es verdienen und daß die Mühe, sie bekannter zu machen nicht unnütz, sondern verdienstlich sei. –

Hat man den Tag der Abreise festgesetzt; so verfügt man sich nach dem Posthause des Tages, oder doch wenigstens einige Stunden vorher, und giebt daselbst dem Postofficianten zu erkennen; daß man wünsche, nach jenem Orte mit der ordinären Post zu reisen, und man bittet um einen Platz auf dem Wagen mit der Frage: wie viel dafür bezahlt werden müsse? – Hierauf pflegt dann von dem Postbedienten die Frage zu geschehen: ob man mit, oder ohne Bagage (mit einem Koffer, oder Gepäcke u. d. gl. oder ohne dergleichen) reise? Diese Frage ist deshalben nothwendig, weil die Passagiertaxe für Personen, welche Koffer, oder anderes Gepäck, mit sich nehmen, natürlicher Weise höher ist, als für solche, die ohne Bagage reisen. So zahlt z. B. auf den Preußischen Posten eine Person mit Bagage für die Meile 6 gute Groschen, ohne Bagage nur 4 Ggr. – Hat man sich hierüber erklärt; so fordert der Postofficiant das Postgeld. Wenn man nun die Meilenzahl nach dem Orte, wohin man will, weiß; so wird man leicht selbst berechnen können, ob seine Forderung richtig, oder falsch ist. Es ist größtentheils überall gebräuchlich, daß dieses Postgeld sogleich erlegt werde. Man thut also wohl, wenn man sich mit Landesmünze versiehet und zwar in nicht zu kleinen Sorten, denn der Postbediente ist nicht verbunden, ausländisches Geld zu nehmen und das Nachzählen in zu geringen Münzsorten würde ihm zu viel von seiner äusserst eingeschränkten Zeit rauben. Alsdann kann man sich erkundigen, den wie vielsten Platz man auf dem Postwagen bekommen werde und um welche Zeit man sich zur Abfahrt einfinden müsse. –

Bei einigen Postämtern erhält man einen Zettel, oder Schein, worauf bemerkt ist, daß man den, oder jenen Platz auf dieser, oder jener Post bezahlt habe. Wo solche Zetteln nicht gebräuchlich sind, da werden doch die Reisenden, so wie sie sich melden, nach der Reihe, angeschrieben und hiernach wird bei der Abfahrt jedem sein Platz angewiesen. Die Plätze auf einem Postwagen haben dadurch vor einander Vorzüge, daß einige hinten, andre vorn unter dem Verdecke, andere gar außer dem Verdecke, und noch andre grade auf der Achse, wo man die Stöße des Wagens am heftigsten empfindet, sind. Die besten Stellen werden gewöhnlich in der Mitte seyn. Es wird vergeblich seyn, einen andern Platz, als den man der Ordnung nach, wie man sich gemeldet hat, erhalten muß, zu verlangen, denn die Postbedienten richten sich hierbei nach der Regel der Mahlmüller, welche sagt: wer zuerst kömmt, der mahlt zuerst, und sie können von dieser Ordnung nicht abgehen, weil sie sonst andern mitreisenden Passagieren Unrecht thun und diese sich solches nicht gefallen lassen, sondern sich dagegen beschweren würden. Auch wird es vergeblich seyn, von dem geforderten Postgelde etwas abziehen zu wollen, denn der Postofficiant kann davon, weil es taxmäßig ist und er es nach der Taxe in Rechnung bringen muß, nichts erlassen.

Nur in dem Falle, wenn man sogleich gültige Beweise des Unvermögens, oder Armuth beibringen könnte, würde man durch bescheidene Vorstellungen versuchen dürfen, einen Nachlaß an dem Passagiergelde zu erhalten. Eigentlich kann jedoch ein solcher Nachlaß von keinem Postofficianten, als auf besondern Befehl seiner Vorgesetzten, oder des Landesherrn, noch weniger kann von ihm gänzliche Postfreiheit ohne besondre Anweisung der Herrschaft bewilligt werden. Denn bei allen Posten ist es natürlicher Weise allgemeines Prinzip, daß jeder, der mit der Post reiset und alles, was mit der Post versandt wird, bezahlen muß, wovon kein Officiant, ohne besondre Verfügung seiner Obern, abgehen darf. Die Postmeister sind nicht Eigenthümer, sondern nur Verwalter der Posten, mithin verpflichtet, alle Einkünfte nach der vorgeschriebenen Taxe zu berechnen. Post- oder Portofreiheit, oder Befreiung von Bezahlung des Postgeldes kann nur vom Landesherrn ertheilt werden und erstreckt sich nie weiter, als in dem Maaße, in welchem sie ausdrücklich bewilligt ist. Solche Portobefreiung pflegt nur gewissen Personen wegen ihrer gemeinnützigen Unternehmungen, oder für bestimmte Geschäfte ertheilt zu werden.

Will man auf der Reise mit der ordinären Post Bagage mitnehmen; so muß man sich erkundigen, wie viele Pfunde man frei mit sich führen dürfe? – Da nun auf einigen Posten einem Passagiere, der das volle Postgeld bezahlt, 50, auf andern Posten weniger, auf einigen andern hingegen mehr, nehmlich etwa 60 bis 70 Pfund freigelassen werden; so wird jeder Passagier, der die Schwere seines Koffers, oder seiner Bagage weiß, selbst ausrechnen können, für wie viel Pfund er noch besonders bezahlen müsse. Dieses Uebergewicht, welches ein Reisender auf der ordinären Post, ausser der bewilligten Pfundezahl, mit sich führt, heißt in der Postsprache: Ueberfracht und auch das dafür zu erlegende Geld selbst wird Ueberfracht genannt. Fast bei allen

Posten wird es jedoch mit dieser Ueberfracht nicht zum strengsten genommen. Theils wird auf einige Pfunde, wenn es die Umstände gestatten, nicht geachtet, theils wird auch die Ueberfracht selbst bei den meisten Posten nur nach der geringern Victualien- und Büchertaxe, welche gewöhnlich $^1/_4$ oder $^1/_3$ geringer ist, als die Taxe für andre Waaren, genommen und bezahlt. Wenn nun ein Passagier die Pfundezahl seiner Ueberfracht weiß und die Taxe, oder wieviel für 1 Pfund bis an seinen Bestimmungsort, oder nach der Station, wohin er das Postgeld zahlt, gegeben werden muß; so wird er auch leicht selbst berechnen können, wie viel Ueberfracht er noch bezahlen müsse und es ist rathsam, solches, sobald es gefordert wird, ohne Anstand zu erlegen. Der Postbediente ist verpflichtet, die Bagage der Passagiere wägen zu lassen und für die Ueberfracht Bezahlung einzufordern und in Rechnung zu bringen, und da er sowohl, als der Postwagenmeister, welcher das Wägen verrichtet, beeidigte Staatsdiener sind, welche nach ihrer Instruction verfahren müssen; so wird es vergeblich seyn, wenn ein Passagier von der Ueberfracht etwas abdingen, oder sie sogar verweigern wollte. Der Postbediente, welcher hierbei seine Pflicht vernachlässigt, steht in Gefahr, daß eine folgende Poststation die Bagage der Passagiere nachwägt, und er also wenigstens aus seiner Tasche ersetzen müsse, was er zu wenig berechnet hat. Das Wägen der Bagage der Passagiere, so wie überhaupt aller auf dem Postwagen befindlichen Päckereien, ist schon deshalben nothwendig, weil die Post nur mit einer bestimmten Pfundezahl nach Maßgabe der Pferdezahl und nach Beschaffenheit des Wagens und des Weges, belastet werden darf.

Bemerkt ein Passagier, daß ihm zu viel Ueberfracht abgefordert wird; so kann er darüber Vorstellungen thun und bitten, daß seine Bagage in seiner Gegenwart gewogen werde. Will man sich dazu nicht verstehen; so bleibt dem Passagier das Mittel offen, seine Bagage auf der folgenden Poststation, oder an dem Orte, wo er die Post verläßt, nachwägen zu lassen und daselbst heraus zu fordern, was er anfangs zu viel bezahlt hat. Wird ihm dieß auch hier verweigert, dann ist freilich nichts übrig, als den Vorfall dem Oberpostamte, oder der Landesregierung schriftlich anzuzeigen, wobei jedoch, wie sich von selbst versteht, erforderlich ist, daß man die Bagage in Gegenwart von Zeugen genau gewogen habe, und man kann alsdann versichert seyn, daß rechtliche Genugthuung erfolgen werde.

Kömmt es endlich zur Abfahrt des Postwagens; so muß man sich zeitig gehörig eingefunden haben, damit die Post nicht zu warten brauche, wobei man sonst Gefahr läuft, daß die Post, wenn man uns vergeblich erwartet und gesucht hat, abfährt. In diesem Falle bleibe dem Passagier nichts übrig, als der Post sogleich nachzueilen, wenn er noch Hofnung hat, sie einholen zu können, oder falls dieß nicht mehr möglich wäre, bis zum nächsten Posttage zu warten, wobei man jedoch Gefahr läuft, das Passagiergeld noch einmal bezahlen zu müssen, welches auch nicht unbillig ist, wenn entweder bei dieser Post ein anderer Reisender abgewiesen wurde, weil die Plätze schon besetzt waren, oder weil bei der künftigen ein anderer Passagier auf unsern Platz angenommen werden konnte. Denn natürlicher Weise kann auf einen Postwagen nur eine bestimmte Anzahl Reisender, so viel nehmlich Platz und Gewicht verstatten, angenommen werden.

Ehe man jedoch abfährt, muß man sich noch mit den sogenannten Postgehülfen und dienstbaren Geistern, als da sind der Kofferschieber, welcher unsre Bagage aus unsrer Wohnung nach dem Posthause geholt hat, und der Wagenmeister, welcher die Bagage packt, die Sitze auf dem Wagen anweiset und die Treppe zum Aufsteigen an den Wagen setzt, abfinden. Wenn man grade nicht weiß, wie viel man einem solchen Manne geben muß; so kann man ihm sicher 2 Ggr. bieten und froh seyn, wenn man damit loskömmt. Gewöhnlich erhält der Kofferschieber nach Maaßgabe der Entfernung, woher er die Bagage geholt hat, 2, 3, 4 auch 6 Ggr. der Wagenmeister 2 und der Mann an der Treppe 1 Ggr. Wo mehrere dieser Chargen in einer Person vereinigt sind, da steht es um den Geldbeutel des Reisenden desto besser. Weil bei den Postämtern einmal Leute gehalten werden, um die Bagage der Reisenden zur gehörigen Zeit herbei zu holen und diese Leute von diesem Geschäft leben müssen: so wird es nicht füglich erlaubt seyn, die Sachen durch eigene Leute nach der Post zu schicken, welches auch schon deswegen nicht rathsam ist, weil man selten den rechten Zeitpunkt treffen und entweder zu früh oder zu spät damit kommen würde. Besser ist es also, wenn man auch hierbei dem einmal eingeführten Gebrauche folgt, wodurch unsre Bagage zugleich der Aufsicht dieser Postbediente in Verwahrung gegeben wird, wenn gleich die Ausgaben dadurch sich etwas vermehren. – Ueberhaupt will ich jedem Reisenden den Rath geben, die Reisekosten nicht zu genau vorher zu bestimmen und festzusetzen. Denn ob gleich bei den Posten alles seine bestimmte Taxe hat; so können beim Reisen doch Fälle eintreten, wo die Nebenausgaben sich nicht vorher genau bestimmen lassen. Es hieß ja schon lange im Sprichworte:

Wer mit der Post reiset,Muß eines Lastträgers Rückenund eines Fürsten Beutel haben,

weil das Fahren mit der Post nicht nur wegen der in den meisten Ländern üblichen unbequemen Postwagen und schlechten Wegen, worauf es gewaltige Ribben- und Rückenstöße setzt, sehr unbequem, sondern auch gewöhnlich mit mehr Kosten verknüpft ist, als man sich einbildet, denn ausser dem taxmäßigen Passagiergelde, belaufen sich die Ausgaben an Trinkgeldern für Wagenmeister, Kofferschieber, Postillons &c. wohl eben so hoch, die Zehrungskosten, wozu man oft durch die Reisegesellschaft veranlaßt wird, ungerechnet.

Jedoch ist die ordinäre Post noch immer die wohlfeilste Art zu reisen und zugleich mit obiger Einschränkung die bequemste. Denn schwerlich wird man auf eine andre Weise, weder mit einem Miethpferde, noch mit einer Lohnkutsche, die Meile mit 6 bis 8 Ggr. bestreiten können.

Vor der Abfahrt ist noch eins zu beobachten und zwar noch eine wichtige Angelegenheit! Jedem Passagier ist anzurathen, daß er selbst zusehe, nicht nur, wohin und wie man seinen Koffer gesetzt und befestigt habe, sondern auch wo seine übrigen Sachen auf dem Wagen geblieben sind. – Nach den gemeinen Rechten sollte zwar die Post für die Sicherheit der Bagage der Reisenden bei den ordinären Posten haften, da sie für den Transport, mithin auch für die Aufsicht bezahlt wird; allein in den meisten Ländern hat man zu verordnen beliebt, daß die mit den Posten Reisenden über ihre Bagage selbst wachen müssen und daß also denselben im Fall eines Verlustes, nichts vergütet werden soll, besonders wenn kein Schaffner oder Conducteur auf dem Postwagen ist, dem die Verwahrung der Sachen ausdrücklich aufgetragen wird. Wo eine solche Verordnung ist, da wird ein Passagier, dem der Koffer vom Postwagen verlohren geht, entweder ganz vergeblich den Schutz der Gerechtigkeit anflehen, oder doch das Ende seiner Klage nicht ohne Verdruß und Schaden erleben. Anzurathen ist es also dem Reisenden, daß er auf der Reise so oft, als er kann, sich nach seinen Sachen umsehe und solche, wo es nöthig scheint sichern läßt, ja es ist sogar rathsam, daß man selbst Stricke oder Ketten an die Koffer gebe, um sie damit befestigen zu lassen. Wird jedoch die Bagage von Seiten der Post ausdrücklich in Verwahrung genommen, oder auf deren Veranlassung auf einen Postbeiwagen gepackt; so kann man mit allem Fug, wenn etwas verlohren geht, auf Erstattung des Werths dringen, welche denn auch, nach gehöriger Untersuchung und Entscheidung, nicht entstehen kann.

Kömmt man auf der Reise zu einer andern Poststation, wo die Pferde gewechselt werden; so hat man sich mit dem Postillon, der bis dahin gefahren hat, abzufinden, indem man ihm ein Trinkgeld reichen muß, welches derselbe mit einem gewissen Rechte fordert, und welches gewöhnlich auf eine Station von 2 bis 3 Meilen in 2 Ggr. besteht. Ausser diesem soll zwar der Postillon zu seiner Zehrung nichts verlangen, allein es geht gewöhnlich so rein nicht ab, und die Reisenden werden nicht immer umhin können, ihm vor einem Wirthshause, wo er etwa anhält, einen Trunk reichen zu lassen. In einigen Ländern ist jedoch die lobenswerthe Einrichtung, daß die Reisenden alle diese kleinen Nebenausgaben an Trinkgeldern für Postillions u. dergl. gleich bei dem Postamte taxmäßig berichtigen können, so daß ihnen auf der Reise weiter nichts abgefordert werden darf. –

Auf einer solchen Wechselstation wird es auch rathsam seyn, sich gleich bei der Ankunft zu erkundigen, wie lange die Post sich daselbst aufhalten werde, damit man sich in Absicht der Geschäfte, welche man an diesem Orte etwa zu verrichten hat, oder wegen der Ruhe, der man sich überlassen, oder wegen der Erfrischung, welche man zu sich nehmen will, darnach einrichten könne, um gegen die Zeit der Abfahrt wieder gehörig bereit zu seyn.

Ist man endlich an den Ort der Bestimmung gekommen; so muß man nicht früher das Posthaus verlassen, ehe man nicht seinen Koffer und andere Sachen mitnehmen kann, weil sonst leicht eine Verwechselung vorgehen, oder ein Fremder sich unsre Sachen zueignen und mit fortnehmen könnte, welches lediglich uns zur Last fallen würde. Ausser dem Koffer noch viele andere kleinen Packete, Schachteln und dergl. auf der Post bei sich zu führen ist nicht rathsam, theils weil diese leicht beschädigt und nicht gut verwahrt werden können, theils auch weil sie gewöhnlich dem Reisenden selbst zur Last sind.

Vom Reisen mit Extra-Post.

Extra-Post ist dadurch von ordinären Posten verschieden, daß wie letztere immer an gewissen Tagen und in bestimmter Zeit, es mögen sich Reisende dazu angefunden haben, oder nicht, abgehen und ankommen, erstere alsdann nur fährt, wenn es von Reisenden besonders verlangt wird und die dabei erforderlichen Kosten von denselben bezahlt werden. Ordinäre Posten gehen auf Kosten der Landesherren; sie müssen immer zu der einmal bestimmten Zeit abgefertigt werden, auch wenn einmal kein Passagier sich dazu eingefunden hätte, oder sonst keine Ladung, auch nicht einmal ein Brief, vorhanden wäre. Die dabei erforderlichen, einmal festgesetzten Kosten werden aus der Postkasse bestritten. Extra-Posten gehen aber blos auf Verlangen und zur Bequemlichkeit einzelner Reisenden. Die Postkasse hat gewöhnlich davon keine Einkünfte. Das Extra-Postwesen ist lediglich eine besondere Polizei-Einrichtung eines Landes, worin schon ordinäre Posten sind, wodurch Reisende, welche mit den ordinären Posten nicht reisen wollen und können, auf eine postmäßige Art, von Station zu Station, durch die, für ordinäre Posten bestimmten Pferde und Postillons, unter der Direction der Postmeister, für ein landesherrlich bestimmtes Fuhrlohn und für festgesetzte Gebühren, fortgeschaft werden. Blos zur Bequemlichkeit solcher Reisenden ist angeordnet, daß die Posthalter, wenn sich Reisende um Extra-Post melden, anspannen lassen und sie in bestimmter Zeitfrist von einer Poststation zur andern bringen lassen müssen. Solche Reisende haben nun entweder eigene Wagen, oder in deren Ermangelung müssen die Posthalter ihnen Wagen für bestimmte Gebühren leihen.

Wer mit Extra-Post reisen will, hat dabei folgendes zu beobachten. Wenn man die Stunde der Abreise bestimmt hat; so bestellt man bei dem Postamte die Anzahl Pferde, welche man bedarf, und zeiget zugleich an, wohin man zu reisen gedenkt und daß man entweder einen eigenen Wagen habe, oder nicht, in welchem letztern Falle man die Art des Wagen, den man zu haben wünscht, bestimmen muß. An den meisten Oertern ist es alsdann gebräuchlich, daß der Postwagenmeister kömmt, um den Wagen, worin man reisen, nebst der Bagage, welche man mitnehmen will, zu besehen, und darnach zu beurtheilen, ob der Wagen nebst der bestimmten Bagage und der Zahl der Reisenden durch so viel Pferde, als man bestellt hat, fortgeschaft werden könne, oder nicht. Denn in den Extrapost-Ordnungen, oder Reglements, ist natürlicher Weise bestimmt, wie viel Pferde zu einer Kutsche, oder Chaise und zu einer gewissen Anzahl von Personen und Anzahl von Pfunden der Bagage, genommen werden sollen, damit die Pferde nicht über Gebühr belästigt werden, sondern die bestimmten Stunden halten können; denn man muß so wenig die ordinären, als Extraposten wie Frachtwagen ansehen und behandeln. Findet nun der Wagenmeister hierbei nichts zu erinnern; so schmiert er den Wagen, ordert das Aufpacken der Bagage an und läßt sich das Fuhrlohn nebst seiner Gebühr reichen. Wenn man weiß, wie hoch die Taxe für ein Extrapostpferd auf die Meile ist; so wird man leicht abnehmen können, ob seine Forderung richtig, oder falsch ist. Diese Taxe ist nicht überall und immer gleich, sondern sie wird in den verschiedenen Ländern von den Landesregierungen gewöhnlich nach Maaßgabe der Korn- und Fütterungspreise festgesetzt, und da sie ehemals, bei niedrigern Preisen, vom Pferde auf die Meile 6–8 Ggr. betrug; so ist sie hingegen jetzt hier und da auf 10, 12–14 und mehrere Ggr. erhöhet. Die Anzeige von der Taxe des Extrapostgeldes und der Gebühren für Wagenmeister und Postillons ist gewöhnlich in den Posthäusern öffentlich angeschlagen; in dessen Ermanglung wird der Reisende wohlthun, sich deshalben bei den Postmeistern zu erkundigen. Hat man nicht selbst einen Wagen; so muß man allerdings für den Wagen, welchen die Post, oder der Extrapostfahrer, zu unsrer Reise darleihet, besonders bezahlen, welches gewöhnlich für eine Chaise auf die Meile 4 Ggr. und für eine Kutsche 6 Ggr. beträgt; einen ordinären offenen Wagen erhalten jedoch die Reisenden an vielen Orten umsonst, indem die Gebühren dafür schon im Fuhrlohn begriffen sind. Man wird aber auch nicht immer, besonders an kleinen Oertern Kutschen und Chaisen antreffen und erhalten können, sondern sich oft mit offenen Wagen behelfen müssen.

Man muß sich so einrichten, daß man pünktlich zu der Zeit, zu der die Pferde bestellt und vorgespannt sind, sich einsetzen und abreisen könne, weil man sonst, wenn man die Pferde warten läßt, – Wartegeld bezahlen muß, und zwar, nachdem es die Postordnung des Orts bestimmt, 1 bis 2 Ggr. auf jedes Pferd für jede Stunde des Verzugs der Abfahrt.

Diese Vergütung für das Warten der Postpferde ist keines Weges unbillig, weil die Postpferde nicht von der Willkühr und Gemächlichkeit einzelner Reisenden abhängen dürfen und weil sie jederzeit Geld verdienen müssen, und sie auch nicht auf andre Art gebraucht werden, wenigstens ruhen könnten, wenn sie nicht auf uns warten müßten. Mit noch größerm Rechte kann diese Vergütung von uns gefordert werden, wenn wir durch einen auf der Reiseroute vorausgeschickten Laufzettel die Postpferde auf eine gewisse Zeit bestellt haben und doch durch eigenes Verschulden uns verspäten.

Kömmt man nun mit solcher Extra-Post zu einer Poststation, wo frische Pferde genommen werden müssen; so kann man allerdings verlangen, höchstens binnen einer halben Stunde weiter expedirt zu werden, allein wenn man die Pferde nicht vorher durch einen Laufzettel bestellt hat; so wird man es sich nicht selten gefallen lassen müssen, 3/4 oder eine volle Stunde zu warten. Denn die vorzuspannenden Pferde müssen doch erst zubereitet, vielleicht müssen sie erst vom Acker hereingeholt werden. Man kann nicht verlangen und erwarten, daß der Postmeister an einem kleinen Orte beständig eine Menge Pferde aufs ungewisse im Stalle stehen und auf unsre unangemeldete Ankunft sie schon bereit habe. Es ist genug, wenn er in diesem Falle die ihm vorgeschriebene Ordnung beobachtet, wenn diese den Umständen angemessen ist, welches leider auch nicht immer ist, weil diejenigen Leute, welche sich solche Verordnungen entwerfen, selten in der Lage gewesen sind, die Möglichkeit der Ausführung derselben selbst versucht und erfahren zu haben.

Hierüber mit dem Posthalter Zank anzufangen, würde vergeblich, in manchem Falle sogar unbillig seyn. Der Reisende thut wohl, wenn er ihn um möglichst geschwinde Fortschaffung ersucht und da richtet man gewöhnlich mit freundlichen Worten mehr aus, als durch Forderung der Strenge, oder durch Androhung vom Anklagen und Rache. Der Postmeister kann durch gutes Fahren leicht die Zeit wieder einbringen lassen, die etwa durch ihn versäumt wurde. Größtentheils ist es überall Regel, daß eine Extrapost mit eben so viel Pferden, womit sie ausfuhr und auf einer Station ankam, weiter gebracht werden müsse. Weniger Pferde zu nehmen, hängt also nicht von den Reisenden ab. Nur da, wo der Weg vorzüglich gut ist, wird eine verhältnißmäßige Verringerung der Pferdezahl verstattet. Hingegen müssen auch die mit Extrapost reisenden, wo schlechtere Wege sind, sich eine Vermehrung der Pferdezahl auf ihre Kosten gefallen lassen. Dieses werden sie um so lieber, wenn ein Postmeister, ausser den bezahlten Pferden, auch mehr zur Erleichterung seiner Pferde, unentgeldlich vorspannen läßt. –

Bei einer Extrapostreise ist man noch mehr verbunden, auf seine Koffer und Bagage selbst wachsam zu seyn und sich, in Absicht des Aufpackens, nicht auf den Postillon, oder Wagenmeister, zu verlassen. Denn hier gehet alles auf des Reisenden Kosten und Gefahr. Die Post ist weiter ihm nichts schuldig, als ihn für die bestimmte Gebühr in einer bestimmten Zeit von einer Station zur andern zu schaffen. Sie nimmt von seiner Bagage weiter keine Notitz, als daß sie für die bezahlten Pferde nicht zu schwer sei. Bei einem vorfallenden Verluste wird also die Post nichts ersetzen und wenn sich der Postillion beim Aufpacken oder Befestigen der Bagage sollte etwas zu Schulden kommen lassen, so wird es doch schwer halten, von dem armen Teufel Erstattung zu erlangen.

Um den Unannehmlichkeiten, welche durch die Verschiedenheit des Geldes entstehen, auszuweichen, thut man wohl, sich mit Münze desjenigen Landes, in welchem man reiset, zu versehen. Freilich ist es unangenehm, wenn ein Sachse seine Pistole im Hannöverschen nur zu 4 Rthlr. 16 Ggr. ausgeben kann; allein man kann doch nicht verlangen, daß der Postbediente den Verlust tragen soll, da derselbe auf Landesmünze angewiesen ist, und deren Werth in Rechnung und an die Herrschaftliche Kasse abliefern muß. Will ein Reisender immer erst bei jeder Post wechseln, sein Geld nach dem Cours reduciren und darüber mit den Postofficianten abrechnen; so entstehet dadurch leicht Mißverständniß, wenigstens Aufenthalt, wobei der Postmann verdrüßlich werden kann, zumal wenn man ihm ausländische Münze aufbürdet, welche er an seinem Orte nicht wieder anbringen kann. Oesterreichische und Reichs-Kreutzerstücke, Batzen u. dergl. nimmt man im nördlichen Deutschland nicht gern, auch nicht mit Agio. Den hierdurch entstehenden Verlust muß der Reisende tragen und zu seinen übrigen Reisekosten schlagen. Er mag sich deshalben über die verschiedenen Münzherren beklagen, welche sich noch nicht zu einerlei Münzfuß haben vereinigen wollen. –

Von Versendungen mit der Post.

Wer Briefe mit der Post abschickt, welche der Empfänger postfrei erhalten, wofür derselbe kein Postgeld (Porto) bezahlen soll, der muß franco, oder frei, oder postfrei, darauf schreiben und bei der Aufgabe das ihm dafür abgeforderte Geld bezahlen.

Nach der Postsprache heißt überhaupt alles Geld, welches für Transportirung der Briefe, Gelder, Packete &c. an Fracht, von dem Absender, oder von dem Empfänger, bezahlt werden muß: Porto. – Zugleich heißen auch solche Briefe, welche abgeschickt werden, ohne daß dafür am Orte der Aufgabe Porto bezahlt ist, die also nicht frankirt sind, sondern wofür erst der Empfänger die Fracht, oder den Lohn an die Post bezahlen soll: Portobriefe. Mithin heißt, einen Brief, oder ein Packet u. dergl. Porto abschicken, dafür am Orte der Absendung nichts bezahlen, sondern die Erlegung des Porto's dem Empfänger überlassen. Ein bei der Aufgabe bezahlter Brief heißt ein franko oder frankirter Brief.

Es ist der Post gewöhnlich gleichgültig, ob die Briefe und Packete von den Absendern franko, oder porto abgeschickt werden, das heißt: ob das dafür gebührende Postgeld bei der Aufgabe erlegt wird, oder ob es erst von dem Empfänger bezahlt werden soll. Besonders ist dies der Post gleichgültig, wenn die zu versendenden Briefe und Sachen im Lande bleiben, oder mit Posten angränzender Länder weiter geschickt werden, mit welchen die Landesposten oder das Postamt des Absendungsorts, in Verbindung und Abrechnung steht. So ist es z. B. der Preußischen Post völlig einerlei, ob ein von Memel nach Wesel bestimmter Brief porto, oder franko aufgegeben wird, ob das Postgeld dafür zu Memel bezahlt ist, oder erst in Wesel von dem Empfänger bezahlt werden soll. Eben so verhält es sich auch bei allen den Posten, welche mit den Preußischen Posten in Verbindung gesetzt sind, so daß die eine Post der andern das derselben, von den verschickten Sachen gebührende Postgeld vergütet. So kann man z. B. seine Briefe zu Berlin, oder in jedem andern Orte der preußischen Staaten nach Rußland, Sachsen und nach vielen andern Ländern franko, oder porto aufgeben oder absenden, weil die königliche Postkasse das ihr dafür gebührende Porto, sowol von den inländischen, als von jenen ausländischen Postämtern erheben kann und durch die mit denselben führenden Abrechnungen vergütet erhält. Gleiche Bewandniß hat es auch in dieser Hinsicht in andern Staaten und Reichen. In den österreichischen Staaten, in Frankreich, Rußland &c. können Briefe von einer Gränze bis zur andern franko oder porto gehen, weil die dortigen Posten von den Empfängern das erhalten können, was die Absender nicht bezahlt haben.

Nur da entstehen Ausnahmen von dieser Regel, wo ausländische Posten mit den inländischen keine Berechnung haben, – theils wegen der Verschiedenheit des Geldes, theils auch aus andern politischen Gründen. Daher kömmt es, daß alle aus Deutschland nach England bestimmten Briefe bis ans Meer, oder eigentlich bis an das Packetboot, welches sie aufnimmt, frankirt werden müssen, weil von England kein Porto vergütet wird, da, wie bekannt, kein englisches Geld aus der Insel versandt werden darf. – So verhält es sich auch mit dem grösten Theile der österreichischen Staaten. Die dahin gehenden Briefe müssen bis an die Gränze frankirt werden, theils weil die österreichischen Postämter den Ausländern, selbst zum Theil den deutschen Reichsposten kein Porto vergüten, theils auch weil das österreichische Geld zu niedrig im Werthe steht. Daher müssen alle aus Sachsen und durch Sachsen nach den österreichischen Staaten gehenden Postgüter bis an die böhmische Gränze frankirt werden, weil die österreichischen Postämter den den Sachsen gebührenden Porto-Vorschuß nur in österreichischem Gelde, welches gegen sächs. Conventionsmünze verliehrt, vergüten wollen, die sächsischen Posten aber diesen Verlust nicht übernehmen können. Selbst mitten in Deutschland findet diese Unbequemlichkeit für das korrespondirende Publikum noch Statt. – Bekanntlich bestehet hier, ausser den Posten der verschiedenen Landesherren z. B. in den Staaten der Häuser Bayern, Hessen, Sachsen &c. auch noch ein besonders dem Fürsten von Thurn und Taxis gehörendes und unter dessen Direction stehendes Postwesen. Die Vorfahren dieses Fürstlichen Hauses haben nemlich vor etwa 300 Jahren angefangen, zuerst in Deutschland Posten anzulegen und dazu Officianten, welche von ihnen besoldet und abhängig wurden, angestellt, und weil man nun damals die Nützlichkeit dieser Anstalten bald empfand; so wurden ihnen nicht nur die Anlegung der Posten von den deutschen Fürsten gern gestattet, sondern sie wurden auch dazu von manchen Reichsständen eingeladen und dabei unterstützt. Nachdem sich aber nach jener Zeit Handel und Wandel in Deutschland mehr gehoben hat und die Fürsten selbst mehr Aufmerksamkeit auf die Vermehrung ihrer Einkünfte wandten und die Vergrößerung ihrer Finanzen beabsichtigten; so wollten sie auch zum Theil die aus dem Postwesen entspringenden Aufkünfte dem Fürsten von Thurn und Taxis nicht allein mehr überlassen, sondern sie legten nach und nach auf eigene Kosten und Gefahr in ihren Ländern eigene Posten an, und fingen an, die taxischen Posten theils mit Gewalt zu vertreiben, theils einzuschränken, wie schon am Ende des siebenzehnten und im Anfange des achtzehnten Jahrhunderts vornehmlich in Oesterreich, nachher in Brandenburg, Sachsen, Hessen &c. geschehen ist. Da jedoch nicht alle Fürsten in diesen Maaßregeln einstimmig waren, sondern manche sich noch immer die taxischen Posten gefallen ließen und in ihren Ländern beibehielten; so blieb der Fürst von Thurn und Taxis im Besitz eines von einem Ende Deutschland bis zum andern sich erstreckenden Postwesens, wobei die Officianten ihm *quoad munus et officium* verbindlich sind und wovon die Einkünfte in seine Kasse fließen. Ohne hier die Rechtmäßigkeit dieser Anstalt, welche sich auf das Recht der ersten Anlage, auf langen und verjährten Besitzstand und endlich auf Kaiserliche Belehnung gründen soll, zu untersuchen, wollen wir nur anführen, daß dieses Postwesen um Deutschlands Kultur, Handel und Gewerbe große Verdienste hat, und daß es noch jetzt eine der vortheilhaftesten Anstalten für ganz Deutschland im Allgemeinen ist, indem es nicht nur unter den, durch Politik, Religion und verschiedenes Interesse getrennten Staaten des deutschen Reichs eine gewisse Verbindung knüpft, welches den Landesposten der einzelnen kleinen Herrschaften nicht möglich ist, sondern auch selbst mit auswärtigen Ländern den Verkehr erleichtert, z. B. mit Frankreich, mit der Schweitz und Italien, wo gleichfalls zum Theil auch taxische Posten existiren; kurz es ist eine wahre Nationalanstalt und in Deutschland die einzige, welche sich noch erhalten hat. –

Aus dem Verhältnisse zwischen den Landes- oder ständischen Posten mit den taxischen Reichsposten, je nachdem man letztere eingeschränkt hat, die aber hingegen sich in ihrem Besitzstande behaupten und Repressalien gebrauchen wollen, ist nun jetzt für das korrespondirende Publikum in Deutschland die Unbequemlichkeit entstanden, – daß man an vielen Orten seine Briefe nicht franco, oder porto abschicken kann, wie man wünscht, sondern daß man sie bei der Aufgabe bis nach einem gewissen Orte, wo sie zur taxischen Post kommen, frankiren muß, weil die taxischen Posten den Fürstlichen, oder letztere den ersteren gleichfalls entweder gar kein Porto vergüten wollen, indem sie solche entweder nicht für gültig erkennen, oder doch sich auf die in neuern Zeiten gemachten verschiedenen ständischen Posttaxen, sich nicht einlassen wollen.

Hiernach wird man sich also bei Versendungen von Briefen und Sachen richten müssen, und wenn man bei der Aufgabe nicht schon weiß, wie man sich zu verhalten hat; so muß man von den Postofficianten darüber Erkundigung einziehen und sich nach dessen Anweisung richten. Man darf in diesen Fällen nicht befürchten, daß der Postofficiant, er mag in Reichsständischen, oder Fürstl. taxischen Diensten stehen, nach Willkühr verfahre, denn er hat seine Instruction, wornach er sich richten muß, und er kann auch nicht einen einzigen Brief, geschweige mehrere, nach einem Orte porto laufen lassen, wohin frankirt werden muß. So ist es z. B. eine wahre Unmöglichkeit in verschiedene Theile der österreichischen Monarchie, da die österreichischen Posten sowol von den taxischen Reichs- als auch von andern deutschen fürstlichen Posten gewisser Maaßen getrennt sind, oder nach Ungarn, Italien, Spanien, England &c. Briefe ganz porto zu senden. Sie würden nicht befördert werden können. Diese Gefahr läuft derjenige, welcher nach solchen Oertern und Ländern Briefe zur Post giebt, ohne zu fragen, ob er dafür etwas bezahlen müsse, und der nicht die Anweisung des Postofficianten abwartet und befolgt.

Die zur Post bestimmten Briefe selbst müssen mit deutlich und leserlich geschriebenen Aufschriften versehen seyn und wenn es mehrere Oerter gleichen Namens giebt, so muß das Land, oder die Provinz, worin der Ort, wohin unser Brief gehen soll, liegt, beigesetzt werden. Denn da es z. B. mehrere Frankfurth, Königsberg, Bergen, Burg, Neustadt &c. giebt, und es uns nicht gleichgültig seyn kann, ob ein nach Frankfurth am Mayn bestimmter Brief mit der Post nach Frankfurth an der Oder, oder ein nach Braunschweig in Niedersachsen nach Brunswyk in Amerika geschickt wird; so ist die Beobachtung dieses Umstandes unerläßige Pflicht und das Irregehen der Briefe kömmt lediglich auf Rechnung der Correspondenten. Auf Briefe, welche frankirt seyn sollen, muß der Absender, oder vielmehr der Schreiber derselben, selbst mit seiner eigenen Hand franco setzen und auch den Ort, oder die Station beifügen, wohin er bezahlen will, weil sonst, wenn solches von einer fremden Hand geschiehet, oder den Postbedienten überlassen bleibt, der Empfänger glauben könnte, daß die Franchise auf der Post eigenmächtig abgeändert und damit eine Unrichtigkeit begangen sei. Man thut wohl, wenn man das Wort: franco, immer unten linker Hand in die Ecke der Addresse schreibt, weil es gewöhnlich daselbst steht und also da vornehmlich gesucht wird und am leichtesten in die Augen fällt. Man hat viele Beispiele, daß wenn Absender das franco an einen andern Ort des Couverts und undeutlich schreiben, so daß es von den Postofficianten nicht bemerkt wurde, sondern derselbe den Brief porto absandte, darüber mit den Empfängern bittere Verdrüßlichkeiten entstanden, wenn diese Porto bezahlen sollten.

Ueber den Preis des Briefporto's, oder der Brieffracht, läßt sich im allgemeinen nichts Bestimmtes sagen. Er beruhet gröstentheils auf Taxen, welche vor langer Zeit eingeführt und die im ganzen ziemlich billig sind, zumal wenn man bedenkt, daß seit jenen Zeiten die Preise und Kosten fast aller andern Dinge gestiegen und zum Theil verdoppelt sind. Nur beim Briefporto ist gröstentheils seit der ersten Errichtung des Postwesens in Deutschland keine Erhöhung vorgenommen, wenigstens nicht bei den Reichsposten. Man kann es wirklich nicht anders, als sehr wohlfeil finden, wenn man einen Brief von Hamburg bis Frankfurth am Mayn für 3 Ggr. und von Leipzig bis Hamburg für 2 Ggr. senden kann. So ist verhältnißmäßig überall das Porto bei diesen Posten und auch bei denen ständischen Posten, welche mit jenen in Verbindung stehen. Hingegen ist es in einigen Ländern, z. B. im Mecklenburgischen, Preußischen, Oesterreichischen, Hessischen &c. in Betracht jenes Verhältnisses etwas höher. Besonders wurde einstens im Brandenburgischen zur Zeit der Herstellung der Academie der

Wissenschaften zu Berlin das Porto für jeden, einzeln zur Post gegebenen Brief, mit 6 Pfennig erhöhet; am theuersten unter allen deutschen Territorialposten sind jedoch die Mecklenburgischen, besonders wegen des daselbst eingeführten schweren Münzfusses; jedoch ist im Ganzen der Unterschied nicht groß.

Man kann nicht immer den Grund angeben, warum ein Brief von einem Orte nach einem näher liegenden mehr kostet, als nach einem entferntern, welches doch hier und da der Fall ist. Größtentheils liegt er in der beibehaltenen alten Reichsposttaxe, und der höhere Preis rührt gewöhnlich davon her, wenn Posten in neuern Zeiten angelegt sind, wobei die Taxe nach dem jetzigen *pretio rerum* angeordnet wurde. Daher kömmt es, daß z. B. ein Brief von Hannover bis Pyrmont 2 Ggr. und von Hannover bis Paderborn und Erwitte gleichfalls nur 2 Ggr. kostet, ohngeachtet letztere Oerter weiter entfernt liegen, so wie auch ein Brief von Berlin bis Braunschweig 4 Ggr. und von Berlin bis Wesel nicht mehr zahlt.

Es ist vergeblich, über diese Verschiedenheit des Briefporto's den Postofficianten zur Rede zu stellen, weil er gewöhnlich keinen Grund davon angeben kann, als die ihm vorgeschriebene und an seinem Orte gebräuchliche Taxe. Hiervon abzugehen und das Porto willkührlich zu bestimmen, wird und kann sich kein Postofficiant erlauben, denn ein solches Verfahren würde nicht von langer Dauer und mit sehr unangenehmen Folgen für ihn verbunden seyn.

Daher ist es aber auch nothwendig, das von dem Postbedienten geforderte Porto ohne Umstände zu erlegen und es kann wahrlich nicht statt finden, dabei dingen, oder einen Abzug machen zu wollen. Jeder an seine Posttaxe schon mechanisch gewöhnte Postofficiant könnte schon darüber verdrüßlich werden und uns mit einer schneidenden Antwort abfertigen, wenn wir ihm weniger Porto böten, als er verlangt. Er müßte auch sicherlich jeden Pfennig, den wir ihm kürzten, aus seiner Tasche beilegen und der Kasse vergüten.

Bis hierher war die Rede vom Porto für einfache Briefe. Weil es aber dünne und dicke, oder einfache und doppelte Briefe giebt, so ist auch das dafür zu erlegende Porto verschieden. Als einen einfachen (simpeln) Brief sieht man den an, der nur aus einem Bogen Papier besteht und überhaupt nicht über ein Loth wiegt. Für solche einlöthige Briefe wird nur einfaches, oder das gewöhnliche Porto bezahlt. Wiegen sie aber mehr; so verändert sich die Taxe. – Hierbei sind jedoch die Prinzipien nicht einerlei. Die sogenannten Reichsposten scheinen hierin die wohlfeilsten. Auf den reitenden Preußischen und einigen andern ständischen Posten muß für jedes Loth, welches ein Brief wiegt, das einfache Porto bezahlt werden, z. B. wenn ein einfacher Brief nach einem gewissen Orte 2 Ggr. kostet; so kostet er, wenn er 4 Loth wiegt 4 Ggr. indem man annimmt, daß in einem solchen vierlöthigen Briefe wirklich 4 Briefe, oder doch andre Papiere vom besondern Werthe, z. B. Rechnungen, Wechsel, Assignationen, Quitungen u. dergl. seyn können. Bei den taxischen Reichsposten steigt die Erhöhung des Porto für solche dicke Briefe von 1 bis 3, von 4 bis 7, von 8 bis 11 Loth &c. welches aber auch bei den folgenden Preußischen Posten der Fall ist und überhaupt wird hierbei auf den Werth des Inhalts oder der Beischlüße der Briefe Rücksicht genommen, so daß das Porto für gedruckte Sachen, Proben u. dergl. geringer ist. Auf den Englischen Posten hingegen muß für solche doppelte Briefe drei- und mehrfaches Porto erlegt werden, ja ein mit einem Couvert versehener Brief kostet schon doppeltes Postgeld.

Auf den mehrsten Posten müssen auch die Proceßschriften der Advocaten, Gerichte und Partheien, desgleichen die Manuscripte der Gelehrten und Buchhändler gleichfalls höheres Porto tragen. Die sogenannten Posttaxen geben zwar hiervon keinen Grund an, worauf sie sich aber überhaupt bei ihren Bestimmungen wenig einlassen; die Ursache soll jedoch wahrscheinlich darin liegen, daß gedachte Schriften einen besondern Werth haben und daher auch von der Post vorzüglich verwahrt und in Aufsicht genommen werden müßten. – Ob solches nun wirklich geschieht, oder ob der Grund des hohen Porto's für Klageschriften in der Meynung liegt, daß die Handlungen der Gerechtigkeit viel Geld kosten müssen, bleibt noch problematisch. Wenigstens scheint es billig zu seyn, daß ein mit Makulatur gefüllter Brief von der Post eben so richtig besorgt werden müsse, als die Vertheidigungsschrift eines unschuldig Angeklagten, oder eines dürftigen Supplikantens. – Die Manuscripte der Gelehrten müssen freilich, als die kostbarsten Erzeugnisse des Menschen, Ausnahmen machen, und es wäre auch wirklich gewissermaßen wünschenswerth, wenn der verschiedene Werth derselben, schon zur Erleichterung der Critik, durch die Post taxirt würde, oder doch wenigstens schlechte Producte einiger Scribenten dadurch unterdrückt würden, um die Buchhändler und das Publikum vor größerm Verlust zu verwahren. Dieses würde man unter die noch unbekannten Wohlthaten des Postwesens rechnen können.

Wegen der Bezahlung des Porto's für solche dicke oder starke Briefe pflegt sehr oft zwischen den Correspondenten und den Postofficianten Mißverständniß zu entstehen, da es manchen befremdet, wenn mehr, als gewöhnliches Porto gefordert wird, indem viele glauben, ein Brief sei ein Brief. Solche Mißverständniße werden immer entstehen, wenn nicht die Correspondenten sich eine genauere Kenntniß von den Posttaxen verschaffen und dadurch das Verfahren der Post beurtheilen lernen. Inzwischen kann man im Allgemeinen voraussetzen, daß die Postofficianten nicht so leicht hierbei vorsätzlich unrichtig verfahren werden, da sie stets befürchten müssen, daß eine von ihnen begangene Unrichtigkeit sehr bald zur Sprache kommen werde, denn das Publikum ist auf die Post sehr wachsam, beobachtet das Verfahren der Postbedienten größtentheils sehr scharf und ist geneigt, der Post mehr, als billig ist, zur Last zu legen.

Bei ankommenden Briefen ist etwa Folgendes zu beobachten. Der Empfänger muß das auf den Brief vom Postamte gesetzte Postgeld bezahlen und kann nichts davon abziehen, weil ein solcher Abzug lediglich der Tasche des Postofficianten zur Last fallen würde. Denn dieser ist nicht Herr des Postgeldes, sondern nur Verwalter desselben und muß es bei Heller und Pfennig berechnen.

Glaubt man jedoch, daß zu viel Porto angesetzt sei, welches allerdings aus Uebereilung und Irrthum bei der Eile, womit die Expeditionen geschehen müssen, zuweilen der Fall seyn kann; so darf und muß man auch darüber sich beschweren, Aufklärung und Schadloshaltung suchen. Am besten ist, wenn eine solche Beschwerde schriftlich durch eine an das Postamt gerichtete Anzeige mit Beifügung des Briefs, als *corpus delicti*, geschiehet. Denn ohne Vorzeigung des Briefs, weshalben Beschwerde geführt wird, ist der Postbediente selten im Stande, sogleich auf der Stelle befriedigende Auskunft zu geben, sondern er wird erst mit Mühe und Aufopferung von Zeit, welche ihm oft kostbar ist, den Brief in den Postkarten und Registern aufsuchen müssen, welches ihm sehr unangenehm seyn würde, zumal wenn er die Beschwerde ungegründet findet. Ist aber wirklich zu viel Porto angesetzt und solches nicht von dem abliefernden, sondern bei einem vorliegenden Postamte, wo der Brief aufgegeben wurde, geschehen: so wird der Brief auf der Route zurück gesendet werden müssen, damit der Fehler mit Ueberzeugung da verbessert werden könne, wo er begangen ist. Dieses wird auch nöthig seyn, wenn ein Francobrief dennoch mit Porto belegt ist. Es mag nun das Porto bei der Aufgabe bezahlt und die Ansetzung des Postgeldes aus Versehen eines Postamtes geschehen, oder das Wort franco mag, weil es entweder undeutlich, oder an einer ungewöhnlichen Stelle des Couverts geschrieben war, von dem Postofficianten nicht bemerket seyn; so wird in allen diesen Fällen die Zurücksendung des Briefs geschehen müssen, damit der Fehler an seinem Orte verbessert werde. Jedoch kann der Empfänger den Brief zuvor eröffnen und lesen. Es ist auch hinreichend, wenn nur das Couvert zurück geschickt wird. Ist dieses nicht thunlich; so kann der Empfänger den Brief vor der Zurücksendung wieder versiegeln und es versteht sich auch von selbst, daß er seinen Brief mit der nächsten Post frei zurück erhält.

Erhält Jemand durch die Post, Briefe, welche er nicht annehmen und wofür er das Postgeld nicht geben will; so darf er sie, der Regel nach, nicht erbrechen, sondern muß sie uneröffnet zurück geben. Hat er sie erbrochen und gelesen; so hat er sie sich dadurch zugeeignet und muß also die damit verbundenen Kosten tragen. Da jedoch heutiges Tages viele Menschen unschuldiger Weise häufig mit unverlangten Lotteriebriefen und andern Bettel- und Brandbriefen, welche man nicht annehmen kann, heimgesucht werden; so bleibt hierbei fast kein Mittel übrig, als diese Briefe, wenn man sie etwa erbrochen hat und nicht annehmen will, von neuem an den Absender zu couvertiren und sich das etwa dafür bezahlte Porto von der Post wieder erstatten zu lassen, wobei man jedoch verbunden ist, auf dem Couverte selbst zu bemerken, was die Post dafür ausgelegt hat. Diese Auslage wird alsdann der Absender nebst dem hinzukommenden Porto der Post wieder erstatten müssen. In einigen Fällen ist es auch thunlich, dergleichen Briefe ohne diese Umstände zurück zu senden.

Regeln bei Versendungen der Gelder und Packete mit der Post.

Wenn man nur weniges Geld, als etwa einige Pistolen oder Thaler, mit der Post versenden will, so thut man wohl, solches in den Brief selbst zu legen. Man muß aber das Geld besonders in ein eigenes Papier wickeln und dieses Packetchen in dem Briefe mit Lack befestigen. Ueberhaupt muß man zu solchem Briefe, worin man Geld verschicken will, starkes Papier nehmen, oder ihn wenigstens in doppeltes Papier couvertiren, mit gutem Lack versiegeln und ihn nicht zu klein zusammen schlagen. Wird das Geld nicht im Briefe mit Lack befestigt, sondern nur los hineingelegt, so daß es darin hin und her fällt; so scheuert und sprengt es leicht das Papier, welches gewöhnlich geschieht, wenn das Papier dünn ist, wobei es sich denn oft eräugnet, daß sich nicht nur Geldstücke in die Falten des Briefs schieben und beim Erbrechen herausfallen, sondern auch gänzlich verlohren gehen, worüber dann Verdruß und Verlust entsteht. Die Post wird sich selten bei solchen Vorfällen zu einem Ersatze verstehen, weil die Absender verbunden sind, ihre abzusendenden Briefe und Packete selbst hinlänglich zu verwahren. Sie hat ihre Pflicht erfüllt, wenn sie den Brief in eben dem Zustande abliefert, in welchem er ihr anvertraut wurde. Wo es jedoch Gebrauch ist, das zu versendende Geld dem Postbedienten zuzuzählen, ehe es eingepackt wird, und wo es also in Gegenwart des Postbedienten, oder von demselben selbst eingepackt wird, da hat man sich bei eräugnendem Verluste an das empfangende Postamt zu halten. Bei den mehrsten Posten wird jedoch das Einpacken den Absendern selbst überlassen und diese sind verbunden, ihre Sachen gut verwahrt zur Post zu bringen. Wird also ein mit Geld beschwerter Brief auf der Reise von dem Gelde selbst durchgescheuert und zersprengt, oder springt das Siegel desselben wegen schlechten Lacks auf; so wird der dadurch entstandene Verlust gröstentheils dem Absender zur Last fallen. Die Postofficianten sollten zwar solche schlecht verwahrte Briefe nicht annehmen: allein solches ist nicht immer zu verhüten, da man nicht immer im Stande ist, die Beschaffenheit des Papiers und Lacks gehörig zu beurtheilen. –

Bei Goldversendungen kann man Summen von 500 Thalern und darüber, auf angezeigte Art, in den Brief legen. Steigt aber die Summe über 1000 Rthlr., so thut man besser, das Gold besonders in einen Beutel oder Packet zu thun. Ein solcher Beutel muß von starkem und dichten doppelten Linnen, oder aus Leder gemacht und gut genähet werden, damit er sich nicht zerscheuere, oder die Nath aufspringe. Alsdann muß er mit einem guten Bindfaden zugebunden und mit gutem Lack versiegelt werden, dergestalt, daß das Siegel auf die Enden, oder auf den Knoten des Bindfadens deutlich ausgedrückt werde. Man thut auch wohl, zwei Siegel darauf zu setzen, auf den Fall, daß etwa das eine aufspringen oder beschädigt werden sollte.

Nimmt man, statt eines Beutels, Papier; so muß man nicht nur das Geld erst besonders in Papier rollen und wickeln und auf jeder Rolle die Summe des Inhalts bemerken, sondern auch zu dem äussern Umschlage von einer starken und haltbaren Sorte nehmen und das Packet gleichfalls mit Bindfaden zuschnüren und an beiden Enden gut versiegeln. Da man auf blauem, besonders auf dem sogenannten Zuckerpapier nicht gut lesen kann, was mit schwarzer Dinte darauf geschrieben ist; so muß man solches nicht zu diesem Behuf, sondern starkes weißes Papier nehmen.

Es ist nicht nöthig, die ganze Addresse oder Aufschrift des Briefes, auch auf den Beutel oder das Packet zu setzen (in einigen Fällen kann dieß sogar schädlich seyn); aber es ist nothwendig, den Beutel, oder das Packet, mit eben dem Pettschaft, womit der dazu gehörige Brief versiegelt ist, zu versiegeln und über dies ein deutliches Zeichen, oder Marque, darauf zu machen. Zu diesem Zeichen nimmt man am besten die Anfangsbuchstaben des Namens des Empfängers und es ist auch sehr nützlich, zugleich den Namen des Orts, wohin das Geld bestimmt ist, beizufügen.

Ferner muß man nicht nur überhaupt die Aufschrift des Briefs deutlich schreiben, sondern man muß vornehmlich nie vergessen, auf derselben, unten linker Hand, ausdrücklich hinzusetzen: Hierbei, oder, nebst einem linnenen Beutel oder Packet in Papier, mit ... Thlr. ... Ggr. ... Pf. gez. *A. B. C.* und zugleich die Geldsorte angeben.

Letzteres ist schon wegen des zu bezahlenden Postgeldes erforderlich, weil Gold- und Silbermünze verschieden taxirt wird, indem das Gold, in großen Summen, nicht so viel Postgeld trägt, als Silbermünze. Auch wird, wenn das Geld auf der Post verlohren gehen sollte, es nur in der Münzsorte wieder ersetzt, in welcher es aufgegeben wurde. Will man das Postgeld bei der Aufgabe bezahlen; so muß man nicht unterlassen, franco auf den Brief zu schreiben, oder falls man nicht ganz hin frankiren will; so muß man den Namen des Orts, so weit man bezahlt, bei das franco setzen.

Bei großen Geldversendungen pflegt man das Geld in Fäßer zu thun. Allein es ist nothwendig, das Geld nicht blos in die Fäßer zu schütten, sondern es in Beuteln verwahrt, in die Fäßer legen, weil der Fall sehr oft eintritt, daß solche Geldfäßer, wegen ihrer eigenen Schwere aufspringen oder zerbrechen, zumal wenn das dazu genommene Holz schwach und schadhaft ist. Der durch solches schlechte Einpacken entstandene Schaden kömmt mit Recht auf Rechnung des Absenders. Man muß die Geldfäßer auch nicht zu groß und zu schwer machen, damit ein Mensch sie aufheben könne. Sind sie schwerer, als 100 Pfund; so geschieht es leicht, daß die Wagenmeister und

Postillons beim Auf- und Abladen sie fallen lassen oder hinwerfen müssen, um nicht von denselben gequetscht zu werden.

Beim Verschicken von Waaren in Packeten sind ähnliche Vorsichtsregeln zu beobachten. Hauptsächlich kömmt es darauf an, die Waaren gut einzupacken und mit hinlänglicher Emballage zu verwahren, damit sie gegen Näße geschützt sind und nicht durchscheuert und zerschabt werden können. Dieses wird ohnehin in allen Postverordnungen den Absendern zur Pflicht gemacht und die Post kann bei der gegenwärtigen Beschaffenheit der mehrsten Postwagen, nicht alle Packete gegen Näße und Reiben schützen, zumal da so viele Packete von sehr verschiedener Gestalt und Beschaffenheit zur Post gegeben werden, die also nicht immer paßlich gepackt werden können. Wachstuch, oder Wachslinnen ist zwar ein gutes Mittel, Waaren einzupacken; da man aber kein Zeichen darauf machen kann, indem kein Lack darauf haftet, so ist man genöthigt, noch eine Enveloppe von Linnen, Papier, oder Matten darum zu schlagen; oder man müßte sonst auf das Wachstuch noch besonders einen linnenen Lappen nähen und auf diesen die Marque setzen, oder solche mit Oelfarbe bezeichnen. Bei einigen Posten, z. B. im Preußischen, übernimmt es zwar die Post, die Packete zu zeichnen und läßt sich dafür, wie billig, besonders bezahlen; allein es ist besser, wenn die Absender dies selbst besorgen. Es kann nicht Statt finden, daß man auf Koffer, oder andre große Packete, welche man mit der Post versenden will, die Briefe selbst nagele oder hefte. Nein; die Briefe und Addressen müssen besonders und los aufgegeben, und die Koffer, oder Packete mit einem Zeichen versehen werden. Dieses Zeichen muß man auch auf den Brief machen und zugleich dabei angeben, in welche Emballage das Packet geschlagen ist.

Beim Empfange der Geldbriefe und Packete von der Post hat man gleichfalls gewisse Vorsichten zu beobachten. Die Ablieferungsart solcher Sachen von der Post an die Empfänger ist nicht überall gleich. An einigen Orten werden die mit den Posten angekommenen Geldbriefe und Packete den Empfängern ins Haus geschickt. Dieß ist freilich für die Empfänger ziemlich bequem; allein es ist gewöhnlich das Unangenehme damit verbunden, daß der Empfang solcher Sachen mehrern Personen bekannt werden kann. An andern Orten müssen dagegen die Empfänger selbst ihre eingelaufenen Sachen von der Post abholen, nachdem sie von der Ankunft derselben aus dem Posthause benachrichtigt sind, oder einen Avis erhalten haben. Dieser Avis besteht entweder in einem Zettel, worauf die angekommene Sache und der Name des Empfängers bemerkt ist, oder es werden die, zu den angekommenen Packeten gehörenden Briefe den Empfängern zugestellt, damit diese sich nach der Post verfügen können, um das Ihrige in Empfang zu nehmen.

Man mag nun die Sachen von der Post ins Haus geschickt erhalten, oder sie selbst aus dem Posthause abholen müssen; so wird man in jedem Falle eine Bescheinigung oder Quitung, über die richtige Ablieferung, wie billig, ausstellen müssen. Eine solche Bescheinigung muß der Empfänger selbst aufsetzen, oder doch eigenhändig unterschreiben, oder denjenigen, welcher sie in seinem Namen schreiben und Sachen in Empfang nehmen soll, dazu hinlänglich bevollmächtigen. In einem solchen Scheine muß nicht nur deutlich angegeben werden, was und wie viel man erhält; sondern es ist auch nützlich, anzuführen, von welchem Orte, oder mit welcher Post es gekommen ist und ob man es franco, oder porto empfangen habe.

Da auch an einigen Orten von den, aus dem Auslande und sonst herein kommenden Sachen und Waaren Licent, oder Accise und Impost und wie die Abgaben sonst heißen, gegeben werden muß: so werden die Empfänger sich auch den, deshalb bestehenden Gesetzen und Anordnungen, unterwerfen müssen. Es wird in den meisten Fällen vergeblich seyn, sich hierüber mit den Postbedienten, oder Acciseeinnehmern, in Dispüte einzulassen. Man thut besser, wenn man sich hierbei beeinträchtigt glaubt, solches schriftlich der Landesregierung, oder der sonstigen Behörde anzuzeigen, woher alsdann rechtliche Entscheidung erfolgen wird.

Eben so muß man sich auch verhalten, wenn uns auf der Post etwas beschädigt, oder gar abhanden gekommen ist. Mündliche Anzeigen dringen nicht immer gehörig ein und werden nicht selten von den mit Geschäften überhäuften Postofficianten kurz abgefertigt, oder gar ausser Acht gelaßen. Auf schriftliche Anzeige wird aber gehörige Auskunft gegeben werden müssen. Wird insonderheit von der Post etwa ein beschädigtes Packet an uns abgeliefert, so müssen wir uns hüten, solches anzunehmen. Man muß es, wenn es nur geschehen kann, der Post zurück geben und derselben überlassen, sich darüber mit dem Absender, oder mit demjenigen, welcher die Beschädigung veranlaßte, abzufinden. Haben wir es aber einmal angenommen, alsdann werden wir hinterher mit unsern Klagen wenig oder nichts ausrichten. Ist man jedoch aus andrer Rücksicht genöthigt, das beschädigte Packet anzunehmen; so muß man darauf bestehen, daß die Art und Weise der Beschädigung auf der Post untersucht, der uns dadurch zuwachsende Schaden ergründet und der ganze Vorfall niedergeschrieben werde, damit wir dadurch in Stand gesetzt werden, die Sache weiter zu verfolgen. Denn wenn es erwiesen werden kann, daß das Packet der Post in gutem Stande überliefert wurde, welches schon dadurch Wahrscheinlichkeit erhält, daß die Post es annahm, da sie doch schlecht verwahrte Sachen nicht annehmen soll: so ist die Post auch verbunden, den durch ihre Schuld entstandenen Schaden zu tragen, zumal wenn das beschädigte Packet von solcher Beschaffenheit war, daß es gegen Beschädigung auf der Post hätte verwahrt werden können. Um sowol solche Beschädigungen, als auch den

Verlust verlohrner Sachen von der Post ohne große Weitläuftigkeiten ersetzt zu erhalten, ist es rathsam, ja nothwendig, den Inhalt unsrer zur Post zu gebenden Packete und deren Werth selbst auf dem Briefe anzugeben und uns darüber bei der Aufgabe einen Schein reichen zu lassen.

Glaubt man, daß von unsern abgesandten Sachen auf der Post etwas verlohren gegangen, oder nicht an den rechten Empfänger gekommen sei; so ist vorläufig nichts weiter erforderlich, als auf einen Bogen Papier zu schreiben: daß man an jenem oder diesem Tage, einen Brief mit so viel Gelde, oder ein Packet an den oder jenen, nach diesem oder jenem Orte zur Post geliefert habe, welches, laut erhaltener Nachricht, nicht angekommen seyn solle und man also über die Ablieferung befriedigende Auskunft, oder Ersatz des Werths erwarte. – Auf eine solche Anzeige wird die Post alsdann schon selbst sorgen müssen, die Sache zu berichtigen und die Correspondenten zu befriedigen. –

Jedoch ist die Furcht, daß auf der Post Briefe verlohren gehen, größtentheils ungegründet. – Man kann sicher annehmen, daß von einer Million Briefe kaum einer abhanden kömmt. Man könnte es nicht befremdend finden, wenn mehrere verlohren würden. Die Post ist eine vielfach zusammengesetzte, sehr verwickelte Anstalt, die nur von Menschen betrieben wird; aber wegen eines verlohrnen oder vermißten Briefs wird gewöhnlich schon großer und langer Lärm gemacht. Oft sollte man aber erst fragen, ob der vermißte Brief auch wirklich zur Post geliefert sei, oder ob sich nicht derselbe, oder die verlangte Antwort im Hause der Correspondenten selbst versteckt habe? – In den meisten Fällen, ja fast immer kann man versichert seyn, daß der Verlust eines Briefes nicht durch die Postofficianten veranlaßt wird, da sie zu viele Ursachen haben, die ihnen anvertrauten Sachen wohl zu verwahren. – Es kann sich aber eräugnen, daß Briefe von einem ungewöhnlich kleinen Format sich in größere, zu welchen sie gepackt und mit welchen sie vermischt wurden, hinein geschoben haben, oder daß zwei Briefe mittelst weicher Oblate, oder schlechten Lacks, womit sie versiegelt waren, an einander klebten. Den Postbedienten war es verzeihlich, wenn sie bei der Eile ihres Geschäfts und bei der Menge der unter Händen habenden Briefe und Sachen, diesen Zufall nicht entdeckten: aber derjenige, in dessen Hände ein auf diese Art verirrter Brief gerieth, war eigentlich schuldig, denselben zurück zu geben, welches aber nicht immer geschieht. Man thut also wohl, die Briefe nicht zu klein zu machen, sie mit gutem Lack zu verwahren, auch sie nicht eher zur Post zu geben, als bis die Oblate, womit sie versiegelt wurden, völlig trocken geworden ist, und sie immer mit einer deutlichen Aufschrift zu versehen.

Auf den Preußischen, Sächsischen und vielen andern Posten kann der Fall, daß ein Brief abhanden kömmt, noch seltener eintreten, weil hier jeder Brief besonders in die Postkarte eingeschrieben wird, nemlich der Name des

Empfängers und der Ort, wohin die Briefe bestimmt sind, nach der Zahlreihe, welche zugleich auf die Briefe gesetzt wird. Hier findet es sich also bald, wenn auf einer Poststation ein Brief vermißt wird, wo man ihn zu suchen habe, denn man kann jeden Brief vom Orte seiner Aufgabe an bis zum Orte seiner Bestimmung nachweisen. Bei den taxischen Reichsposten wie auch bei den Posten in andern Ländern, z. B. in England, Frankreich &c. verhält es sich hiermit anders. Da werden die einfachen Briefe nicht namentlich angeschrieben, sondern nur gezählt, alsdann zusammengepackt und fortgeschickt. Mithin kann hier kein Brief namentlich nachgewiesen werden; auch kann beim Zählen leicht ein Brief versehen werden. Das Zählen geschieht ohnehin nicht grade zur Sicherheit der Briefe, sondern vielmehr der Berechnung des Postgeldes wegen. Jedoch kann man aber auch bei diesen Posten die Briefe zu einer größern, oder vielmehr speciellern Aufmerksamkeit empfehlen, indem man sie, der Postkunstsprache nach rekommendirt. Man muß in dieser Hinsicht das Wort rekommendirt auf dem Brief schreiben und ausser dem gewöhnlichen Postgelde, noch etwas besonders, *pro diligentia* bezahlen. Alsdann wird der Brief namentlich in die Postkarte geschrieben, welches allerdings zur Sicherheit des Briefs beiträgt. Auf den kurbraunschweigischen Posten trägt ein solcher rekommandirter Brief doppeltes Porto. Bei besonders wichtigen Briefen sorgen die Postämter auch, daß die Empfänger die Ablieferung derselben bescheinigen müssen. – Bei Briefen, worin Wechsel, oder andere Papiere von Werth geschlossen sind, ist es rathsam, solches und wenn es geschehen kann, den Werth der Beischlüße auf der Addreße anzugeben. Der Kürze wegen pflegt man in diesem Falle auch wohl nur ein *NB.* auf den Brief zu setzen und die Postämter sind dann auch so aufmerksam, dieses *NB.* in der Postkarte zu bemerken. – Also auf der Post kann nicht füglich ein Brief verlohren gehen. Geschieht es, so könnte es eher durch die Briefträger geschehen. Jedoch diese werden solches um so mehr verhüten, da sie für die ihnen zur Bestellung überlieferten Briefe, das Postgeld bezahlen müssen und auch selbst für jeden abgelieferten Brief ein Accidenz von dem Empfänger zu erwarten haben. Am häufigsten gehen Briefe in den Häusern der Correspondenten selbst und durch die Unvorsichtigkeit ihrer Boten verlohren, denn es ist nicht selten, daß Briefe, welche durchs Gesinde zur Post gebracht werden sollten, auf der Gasse gefunden wurden. –

Das Rekommendiren und Notabeniren der Briefe kann also in angezeigter Maaße von einigen Nutzen seyn. – Hingegen ist das *Cito* auf den Briefen gewöhnlich ohne Nutzen und Wirkung. Die Postbedienten können keinen Brief von einem Orte zum andern mit der ordinären Post geschwinder befördern, als die Post reitet, oder fährt. Die ordinären Posten werden immer zu ihrer einmal bestimmten Zeit, so wie es der Zusammenhang des Postwesens des Orts erfordert und verstattet, abgefertiget; sie reiten oder fahren in der, nach Maaßgabe der Entfernung der Oerter und nach

Beschaffenheit der Wege berechneten und festgesetzten Zeit und Stundenzahl, können also auch nie früher, aber wegen unvorhergesehener Zufälle bisweilen später eintreffen; mithin kann es eigentlich nichts nützen, auf Briefe cito zu schreiben, denn die Post kann und wird deshalben keine Minute schneller gehen. – Wünscht jedoch Jemand, daß sein Brief etwas früher, als gewöhnlich, in die Hände seines Correspondenten gelange; so muß er auf der Addresse des Briefs, oder durch ein beigefügtes Promemoria die Post ersuchen, den Brief am Orte seiner Bestimmung sogleich nach Ankunft der Post besonders abgeben zu lassen. Hierdurch wird er bewirken, daß der Brief nicht erst durch die Hände der Briefträger gehe und von denselben nach der ihnen gewöhnlichen Ordnung, wonach sie die angekommenen und zu bestellenden Briefe jedesmal nach der Reihe abgeben müssen, sondern sogleich von den Postexpedienten durch einen besondern Boten dem Empfänger überliefert wird, wodurch also vielleicht bisweilen $^1/_4$ oder $^1/_2$ Stunde Zeit gewonnen wird. – Wohnt der Empfänger nicht im Orte des distribuirenden Postamts; so muß der Absender, wenn ihm an schneller Bestellung des Briefs gelegen ist, solches ausdrücklich anzeigen und zugleich angeben, auf welche Art der Brief dem Empfänger zugefördert werden, und wer davon die Kosten tragen solle. Denn sonst wird die Post nicht von der einmal eingeführten Ordnung abgehen und die Briefe nur auf die gewöhnliche Weise befördern.

Zur Post gegebene Briefe und Sachen dürfen eigentlich von den Postbedienten nicht wieder zurück gegeben werden. Dieses Gesetz dienet sowol zum Besten, vornehmlich zur Sicherheit der Correspondenten selbst, und ist auch der Postökonomie wegen erforderlich. Man hat nehmlich Beispiele gehabt, daß einmal auf die Post gelieferte Briefe von einer andern fremden Person zurück gefordert sind und damit schädlicher Mißbrauch getrieben ist. Man hat Beispiele, daß Dienstboten, Handlungsdiener und andre Subalterne die Briefe ihrer Herrschaften und Vorgesetzten unter scheinbaren Vorwänden von der Post zurück genommen und solche entweder gänzlich untergeschlagen, oder doch den Inhalt derselben abgeändert, wohl gar Rechnungen und Wechsel daraus entwendet haben. Um diesen Unfug zu verhüten, muß es den Postbedienten stets Regel seyn, nie einen ihnen einmal zugestellten und anvertrauten Brief wieder aus den Händen zu geben. Sollte jedoch der Absender selbst nöthig finden, seinen Brief von der Post noch einmal wieder zurück zu erhalten; so wird er dieses nur erreichen können, wenn er selbst darum schriftlich ersucht, die Addresse des Briefs aufschreibt, das Pettschaft, mit welchem der Brief versiegelt ist, abdrückt, oder vorzeigt, und also sich nicht nur als den wahren Eigenthümer legitimirt, sondern auch der Post wegen der Zurücklieferung Versicherung giebt.

Bisweilen schickt man mit der Post Briefe und andre Sachen nach einem Orte, woselbst doch der Empfänger sich noch nicht befindet. Man hat dabei gewöhnlich die Absicht, daß diese Briefe oder Sachen daselbst so lange auf der Post bleiben und aufbewahrt werden sollen, bis der Empfänger gleichfalls dort angekommen ist und sie in Empfang nehmen kann. Auf diese Art kann Jemand Briefe und Sachen an sich selbst addressiren, sie mit der Post nach einem Orte absenden, um sie dort vorzufinden, wenn er selbst auf einem andern Wege angelangt seyn wird. Bisweilen hat man auch nur die Absicht, solche Briefe und Sachen nicht von der Post auf die gewöhnliche Weise bestellen zu lassen, sondern die Empfänger sollen solche von der Post, gewisser Ursachen wegen, wovon sie von dem Absender unterrichtet, oder mit demselben überein gekommen sind, selbst abholen. – In allen diesen Fällen pflegt man auf solche Briefe die Wörter: *poste restante*, oder *à la poste restante*, d. h. dieser Brief soll bis zur Abforderung auf der Post liegen bleiben, zu setzen.

Die Postämter begünstigen diese Wünsche des Publikums zu dessen Bequemlichkeit und Nutzen, gern. Allein es ist dagegen auch billig, daß sie bei solchen Fällen nicht in Gefahr gesetzt werden. Daher ist es unumgänglich nöthig, daß die Empfänger solcher Briefe und Sachen sich jedesmals hinlänglich zum Empfang legitimiren. Dieses geschiehet, wenn sie entweder eine Vollmacht, oder doch eine Anweisung von dem Absender beibringen, oder wenn sie, falls es fremde und unbekannte Personen sind, Bürgschaft stellen, und überhaupt die ihnen in diesen Fällen von der Post gegebenen Anweisungen befolgen. – Denn die Post ist hauptsächlich verbunden, nach allen Kräften zu sorgen, daß die ihr anvertrauten Sachen in die Hände des rechten Empfängers gelangen.

Bisweilen wünschen Correspondenten, daß ihnen auf ihre mit der Post abzusendenden Briefe und Sachen von den Postbedienten Vorschüße geleistet werden. Dieser Fall tritt ein, wenn z. B. ein Kaufmann oder Faktor, für einen Abwesenden eine Auslage an sogenannten Spesen u. dergl. gemacht hat, übrigens aber mit demselben nicht in Rechnung steht, sich also dieses ausgelegte oder vorgeschossene Geld von der Post auszahlen läßt, welche alsdann solches vermittelst des Briefes dem entfernten Schuldner anrechnet und von demselben wieder erstatten läßt. Ausser diesen soll es eigentlich nur Gerichtsobrigkeiten und dergl. Behörden gestattet seyn, sich solche Vorschüße von der Post auszahlen und den Schuldigen anrechnen zu lassen; hingegen soll nicht Jeder, der an Auswärtige Geldforderungen macht, damit der Post beschwerlich fallen. Es versteht sich auch von selbst, daß dergleichen Vorschüße keine beträchtliche Summen ausmachen, daß sie völlig liquid seyn und daß die Absender, wenn etwa die Empfänger den Vorschuß der Post wieder zu erstatten sich weigern, deshalben verbindlich bleiben und die Post schadlos halten, zumal die Post keine Gewalt hat, noch anwenden darf, um dergleichen Gelder beizutreiben. – Dabei ist es auch billig, daß den Postofficianten gestattet werde, für die Vorauszahlung solcher Vorschüße und deren Beitreibung, welches sie auf ihre Gefahr thun, eine verhältnißmäßige Remuneration zu nehmen. Eine solche Gebühr pflegt man gewöhnlich *procura* zu nennen. Auch versteht es sich, daß die Post durch die Verschiedenheit des Werths des Geldes nichts verliehren darf, sondern daß es ihr gestattet werden muß, gehöriges Agio zu nehmen, wenn sie den Verlust in schlechterer Münze wieder erhält, als sie gezahlt hat.

Von Estaffetten.

Mit den Estaffetten hat es folgende Bewandniß. Eine Estaffette ist eine ausserordentlich, oder extraordinär reitende Post, wodurch ein Brief von einem Orte zum andern postmäßig gebracht wird. Ordinäre Posten gehen immer nur an gewissen festgesetzten Tagen und Stunden ab; Estaffetten können aber zu jeder Zeit abgeschickt werden. Man nennt auch den Brief selbst, die Depesche, welche auf diese Art estaffettenmäßig durch die Post befördert wird, Estaffette. Die Estaffetten nehmen den Weg der ordinären reitenden Posten, berühren also auch die nemlichen Stationen und wechseln daselbst die Pferde. Wenn nemlich Jemand von Leipzig einen Brief mit Estaffette nach Wien schicken will; so muß er diesen Brief, nachdem auf denselben das Wort Estaffette geschrieben ist, zu Leipzig ins Postamt geben und eigentlich sogleich die Kosten bezahlen, wenn er den Brief franco abschicken muß. Das Postamt fertigt alsdann sogleich einen Postillon mit diesem Schreiben ab und giebt demselben einen Paß mit, worin die Addreße des Briefes und die Route, welche die Staffette nehmen soll, bemerkt ist. Der auf diese Art von Leipzig abgefertigte Postillon reitet bis zur nächsten Poststation auf der Route nach Wien, liefert daselbst den Brief nebst dem Passe an den Postmeister ab und kehrt darauf nach Leipzig zurück. Von dieser Station wird alsdann sogleich wieder ein Postillon mit gedachtem Briefe und Paße zur zweiten geschickt, und so geht es fort von einer Station zur andern, bis der Brief ins Postamt zu Wien abgeliefert wird, welches alsdann denselben an den Empfänger besorgen läßt. – Auf diese Art gehen alle Staffetten. Daher ist es völlig unmöglich, mit derselben Staffette, oder mit demselben Postillon, welcher von einem Orte mit einer Estaffette abgeschickt wird, eine Antwort zurück zu erhalten, wie manche irrig glauben. Denn der von Leipzig abgeschickte Postillon reitet ja nicht ganz nach Wien und liefert den Brief nicht selbst an den Empfänger ab, sondern er kehrt, wie alle übrigen, von seiner Station nach Hause. – Soll also auf eine Estaffette Antwort erfolgen; so muß unser Correspondent von seinem Orte gleichfalls wieder eine Estaffette absenden, welche dann auf die nemliche Art durch die Poststationen befördert wird. – Uebrigens ist es gut, auf dem Staffetten-Schreiben die Zeit und Stunde der Abfertigung zu bemerken, damit der Empfänger und die Postämter beurtheilen können, ob etwas dabei versäumt sei. Jedoch sorgen hierfür die Postämter schon selbst. Denn in dem Estaffetten-Paße muß jede Poststation die Zeit der Ankunft und des Abgangs anzeichnen und da beim Estaffettenreiten gewöhnlich auf eine Meile nur eine Stunde und jeder Poststation nur $^1/_4$ Stunde zur Expedition verstattet wird; so kann nicht leicht eine Versäumniß eintreten, als nur etwa von unvorhergesehenen ausserordentlichen Zufällen, wenn z. B. ein Postillon mit seinem Pferde stürzt, oder ihm sonst ein Unfall begegnet, welches aber auch jedesmal von den Poststationen im Paße angemerkt werden muß. Es versteht sich also von selbst, daß man mit einer Estaffette nur simple Briefe, oder mäßige Packete, welche der Postillon in seiner Tasche verwahren kann, aber keine Koffer, Kisten und Kasten verschicken könne. Will man dergleichen Sachen ausserordentlich eiligst befördern; so muß man Extrapost dazu nehmen. –

Ist die Estaffette von dem Absender nicht frankirt oder bezahlt; so muß solches der Empfänger thun und den Betrag der Kosten, welcher ihm angezeigt wird und worüber ihm allenfalls eine Quitung ertheilt werden kann, an sein Postamt erlegen, welches alsdann jeder Poststation, welche durch die Estaffette berührt wurde, die verdiente Gebühr zutheilt. Wegen der hierüber zu führenden Rechnung und wegen der Besorgung der Bezahlung pflegen sich die Postämter ausser den taxmäßigen Meilengeldern noch einige Groschen, wie billig, vergüten zu lassen. Das Meilengeld für eine Staffette beträgt jetzt in den verschiedenen Ländern, wegen der hohen Frachtpreise, 12 bis 16 und mehr Ggr., so wie solches von den verschiedenen Landesregierungen, nach Ermeßen der Umstände, festgesetzt wird.

Von Courieren.

So wie man auf gedachte ausserordentliche Art einen einzeln Brief, oder Packet, als Estaffette, durch die Post besorgen lassen kann; so kann man auch einen Menschen auf ähnliche Weise durch die Post verschicken. Will Jemand selbst einen Brief von einem Orte zum andern bringen, oder wird eine Person abgeschickt, um eine Nachricht mündlich zu überbringen und bedient sich ein solcher Reisender der Post; so nennt man ihn einen Courier. In Frankreich heißt auch jede reitende Post, oder jeder Postreiter Courier. – Ein Courier reiset, wie eine Estaffette und wird auf ähnliche Weise durch die Post fortgeschaft, von Station zu Station. Gewöhnlich wird auch das Meilengeld nach der Estaffettentaxe bezahlt. Wenn ein Courier von Petersburg nach Paris gehen soll; so kann derselbe nicht anders seine Reise, als Courier, bewerkstelligen, als daß er sich zu dieser Absicht, bei dem Postamte zu St. Petersburg meldet, von demselben Courierpostpferde begehret und mit denselben zur nächsten Poststation sich bringen läßt, von da er alsdann weiter und sodann von Station zu Station fortgeschaft wird, bis er das Ziel seiner Reise erreicht hat.

Jeder Courier sollte eigentlich immer reiten. Und da ein Courier, der Absicht gemäß, weshalben er abgeschickt wird, gewöhnlich schnell vorwärts eilen muß; so wird er sein Pferd nicht immer im Schritte, sondern vielmehr größtentheils im Trott, und wo möglich noch schneller gehen lassen, auch auf den Poststationen, wo Pferde gewechselt werden, keine Zeit verliehren und sich überhaupt nirgends aufhalten lassen. Jedoch wird er sich auch immer, er mag eilen, so sehr er will, nach den Umständen und nach den deshalben bei der Post gemachten Einrichtungen, bequemen müssen. Diese bestehen hauptsächlich darin, daß ein auf einer Poststation ankommender reitender Courier binnen einer Viertelstunde, oder in der möglichst kürzesten Zeit expedirt und jede Meile in einer Stunde, oder wo möglich in noch weniger Zeit mit ihm zurück gelegt werden muß. –

Einen solchen Courier kann der Postmeister nicht allein reiten lassen; sondern es versteht sich von selbst, daß ihm ein Postillon mitgegeben werden muß. Denn keinem Posthalter kann zugemuthet werden, einem solchen Mann, der gewöhnlich fremd und unbekannt ist, sein Pferd anzuvertrauen; auch würde der Courier oft in Gefahr kommen, sich auf dem Wege zu verirren und immer würde es mit Beschwerlichkeiten verknüpft seyn, das Pferd wieder in seine Heimath zurück zu schaffen. Daher wird dem Courier beständig ein Postillion zugegeben, welcher in der Postmontur und mit den Postinsignien vor ihm her reitet, und nach dessen Anweisung sich der Courier auf dem Wege richten muß. Ein Courier darf auch einen Mantelsack von 30 bis 40 Pfund bei sich führen und denselben auf des

Postillons Pferd legen; er kann auch verlangen, daß der Postillon ihn die richtige Straße führe und ordnungsmäßig reite, aber es ist ihm nicht erlaubt, auf die Pferde zu schlagen und den Postillon mit Gewalt und durch unerlaubte Mittel zum übermäßigen Reiten zu reitzen, noch vor demselben voraus zu reiten.

Manche Couriers bedienen sich auch, statt des Reitpferdes, eines Wagens, besonders wenn sie zugleich Sachen mit sich führen, welche nicht füglich auf Pferden fortgebracht werden können, und weil auch auf weiten Reisen nicht leicht ein Mensch solches beständig schnelles Reiten aushalten kann. Einige bringen daher ihre eigenen kleinen Wagen von dem Orte der Absendung mit; andere wechseln auf der Tour, ihrer Bequemlichkeit und der Erholung wegen, mit Reiten und Fahren ab. Beide müssen, so wie sie ankommen und wie sie wünschen, von der Post weiter gefördert werden. Wenn nun gleich ein Courier seinen eigenen Wagen hat, oder er mag auf einer Poststation, statt des Reitpferdes, einen Wagen nehmen; so wird er doch nicht, als ein mit Extrapost Reisender angesehen, sondern er muß Couriermäßig für die Pferde bezahlen, und für den geliehenen Wagen, wie sich von selbst versteht, besonders vergüten. Denn man setzt voraus, daß er, als Courier, doch noch schneller, als Extrapost fahren lassen werde, mithin würde von Seiten der Post eben die ausserordentliche Anstrengung geleistet werden müssen. Dem vorreitenden, oder fahrenden Postillon sind auf jede Meile gewöhnlich 4 Ggr. zu gebilliget. Reitende Couriers pflegen ihre eigene Sättel mit sich zu führen und es ist ihnen dieß um so mehr anzurathen, da sie nicht auf allen Poststationen bequeme Sättel antreffen werden, jedoch müssen ihre Sättel auch von der Art seyn, daß solche auf alle Pferde passen und denselben keine Beschädigungen zufügen. Ein Couriersattel, wodurch die Pferde gedrückt und verletzt werden, kann vom Postmeister verworfen werden. Die Depeschen, oder andere Sachen, welche ein Courier überbringen soll, muß derselbe selbst verwahren und er kann keine Klage führen, wenn sie verlohren gehen, oder beschädigt werden.

Vom sogenannten Poststations- oder Post-Recognitionsgelde.

In denjenigen Ländern, wo das Postwesen, sowohl der ordinären Posten, als auch für Extraposten gehörig eingerichtet ist, so daß die mit Extrapost Reisenden immer von einer Station zur andern fortgebracht werden können, ist es nicht erlaubt, eine Poststation vorbei, oder um dieselbe weg zu fahren, ohne die Pferde zu wechseln; sondern man muß auf jeder, auf unserm Wege berührten Poststation, frische Pferde nehmen und sich mit denselben zur folgenden bringen lassen. Der Grund hiervon liegt darin, daß die Posthalter auf den Stationen verpflichtet sind, eine gewisse Anzahl Pferde zu unterhalten und daß sie angewiesen sind, mit diesen Pferden die Reisenden weiter zu schaffen. Es ist also auch billig, daß den Posthaltern kein Verdienst, den sie mit ihren, durch schwere Kosten und Aufwand zu haltenden Pferden und Postknechten, haben könnten, – entzogen werde. – Sehr tadelnswerth ist es daher, wenn Reisende mit ihren fremden Fuhrleuten den Poststationen vorbei zu fahren suchen und es sich, als eine Geschicklichkeit zurechnen, wenn sie es, ohne entdeckt zu werden, gethan haben. Wie würde das Extrapostwesen bestehen können, wenn in dieser Hinsicht nicht gewisse Vorschriften und Einschränkungen für einzelne zum Besten des Ganzen gemacht würden? – Am Ende würde es sonst dahin kommen, daß der Staat selbst auf den Poststationen des Landes eine Anzahl Postpferde nebst Knechten auf seine Kosten unterhalten müßte. Hierzu würde sich derselbe jedoch nicht verstehen. Er dürfte es auch nicht, weil die Kosten davon den Landeseinwohnern am Ende unbilliger Weise zur Last fallen würden. – Es bleibt also nichts übrig, als daß einzelne Reisende sich in die Ordnung bequemen, wodurch das Extrapostwesen zum öffentlichen Dienste, oder zur Bequemlichkeit und zum Vortheil des Ganzen erhalten werden kann.

Inzwischen hat es nichts zu bedeuten, daß die Poststationen von solchen Reisenden, welche mit Extrapost von einem Orte abgehen, gefährdet werden. Denn den Posthaltern und deren Knechten ist es zur Pflicht gemacht, keine Poststation vorüber zu fahren, sondern die Reisenden jedesmal nur bis zur nächsten Station und nicht weiter zu bringen, sie nach dem Posthause auf der Station zu führen und derselben die weitere Beförderung zu überlassen. Sollte sich ein Postillon durch die Reisenden verleiten lassen, sie einer Post vorüber zu fahren, oder sollte selbst ein Posthalter sich so weit vergessen, hierin zu willigen; so würde, nach geschehener Entdeckung des Vorgangs, die gebührende Strafe nicht ausbleiben.

Aber alle Reisende nehmen nicht Extrapost, sondern sie bedienen sich entweder ihrer eigenen Equipage, oder sie nehmen Miethskutscher, oder Lohnfuhrleute. Wer mit eigenen Pferden und Wagen reiset, hat in dieser Hinsicht mit der Post nichts zu schaffen. Ihm kann und darf von Seiten der Post kein Hinderniß in den Weg gelegt, er wird auch hierbei niemals in einigen Anspruch genommen werden, als daß er etwa auf der Reise auf der einen oder andern Poststation, wegen der Qualität seines Fuhrwerks, ob er nemlich mit eigenen, oder mit gemietheten, oder Lohnpferden fahre, befragt wird, zumal, wenn es nicht in die Augen fallen sollte, daß es eigenthümliche Equipage ist. Um einem solchen Examen enthoben zu seyn, ist daher einem solchen Reisenden anzurathen, daß er sich von der Obrigkeit, oder noch besser, von dem Postamte seines Wohnorts eine Bescheinigung über das Eigenthum seines Fuhrwerks geben lasse, welche er bei vorkommenden Nachfragen vorzeigen und dadurch größere Weitläuftigkeiten vermeiden könne. –

Wer aber nicht mit Extrapost und mit eigener Equipage, sondern mit gedungenen, oder gemietheten Pferden reiset; muß sich mit der Post, oder mit allen den Poststationen, welche er auf seinem Wege berührt, abfinden und das sogenannte, landesherrlich bestimmte Stationsgeld erlegen. Dieses Stationsgeld ist nicht überall gleich, sondern in den verschiedenen Ländern, wo es eingeführt und gebräuchlich ist, verschieden. Größtentheils muß man von jedem Pferde, welches man vor dem Wagen hat, für jede Meile 6, 8–12 Pfennig und mehr, oder weniger geben.

Den Grund zu dieser Abgabe nehmen die Landesregierungen daher, daß die Miethskutscher und andere Lohnfuhrleute durch das Fortbringen solcher Reisenden den Posthaltern einen Verdienst entziehen, weshalben letztere entschädigt werden müssen. – Man will jedoch aber auch die Freiheit der Reisenden nicht einschränken; man will und kann es ihnen nicht verwehren, statt Extrapost zu nehmen, mit gemietheten Pferden zu reisen, wenn sie dabei ihren Vortheil und mehrere Bequemlichkeit zu finden glauben. Wenn sie also diese vorziehen; so sollen die Postfuhrleute, welche zum Dienste des reisenden Publikums immer mit Kosten Pferde unterhalten müssen, darunter nicht leiden, sondern auf eine billige Weise gewissermaßen entschädigt werden. –

Wenn man die Sache aus diesem Gesichtspunkte betrachtet, so wird man diese Einrichtung nicht ungerecht und die Abgabe der Stationsgebühr nicht unbillig finden. Es fällt in die Augen, daß eine solche geringe Vergütung, als jene wenigen Pfennige vom Pferde auf die Meile sind, noch bei weitem keine hinreichende Entschädigung für die Posthalter seyn könne, gegen den Verdienst, der ihnen auf diese Weise durch die Miethsfuhrleute genommen wird. Durch das Stationsgeld sollen sie nur einigermaßen beruhigt und vielmehr die Miethskutscher abgehalten werden, Fuhren auf entfernte Oerter zu übernehmen. – Daher soll auch die Entrichtung der Stationsgelder eigentlich nicht den Reisenden zur Last fallen, sondern vielmehr lediglich von den Fuhrleuten geleistet werden. Diese werden sich freilich in den meisten Fällen deshalb wieder an den Reisenden erholen. Daher ist es aber auch nicht immer wohlfeiler, statt Extrapost, einen Miethskutscher zu nehmen. – Rechnet der Reisende die zu erlegende Stationsgebühren und andre Ausgaben, wozu er, wenn er mit Lohnfuhr reiset, genöthigt wird, welche aber bei Extrapost nicht statt finden, zu dem Fuhrlohne; so wird der Unterschied der Kosten nicht groß, sondern öfter sich gleich seyn, den Verlust der Zeit nicht einmal zu rechnen, denn es ist doch begreiflich, daß ein Lohnfuhrmann mit seinen Pferden einen langen Weg nicht so geschwind zurück legen kann, als wenn auf jeder Poststation frische Pferde vorgespannt werden.

Reiset nun Jemand mit gedungenen Pferden; so muß er selbst darauf halten, daß der Fuhrmann keine Poststation vorüberfahre, ohne sich daselbst zu melden und das Stationsgeld zu berichtigen. Denn wenn diese Defraudation entdeckt und der Fuhrmann angehalten würde; so würde der Reisende, wenn er gleich zu dieser Ungebühr keine Veranlassung gegeben hätte, sondern solche von dem Fuhrmann allein herrührte, doch gewissen Unannehmlichkeiten nicht entgehen können, wenigstens Zeit verliehren müssen. Die Bestrafung eines auf diese Art betroffenen Fuhrmanns ist nicht überall gleich. In einigen Ländern muß derselbe alsdann von jedem Pferde mehrere Gulden oder Thaler, erlegen; in andern muß er der vorbeigefahrenen und also lädirten Poststation das volle Extrapostgeld nach der Taxe bis zur nächsten Station vergüten, in noch andern muß er sogleich seine Pferde ausspannen und heimkehren und der Reisende muß sich gefallen lassen, von diesem Orte ab sich durch Extrapostpferde weiter bringen zu lassen. Gewöhnlich sind die Ortsobrigkeiten von den Landesherren beauftraget, dergleichen Vorfälle nach den gegebenen Gesetzen zu entscheiden. –

So wie es also gedachter maaßen nicht erlaubt ist, die Poststationen vorbei zu reisen, ohne sich mit denselben gehörig abzufinden; eben so wenig wird es auch an Oertern, wo ein regelmäßiges Postwesen ist, gestattet, von fremden auswärtigen Oertern gemiethete Pferde kommen zu lassen, um mittelst derselben Reisen zu machen. Ein solches Verfahren würde den Einwohnern unsers Wohnorts, besonders den Posthaltern nachtheilig seyn. Es versteht sich von selbst, daß dieses Verbot nicht gegen Pferde, welche dem Reisenden eigen gehören, gerichtet seyn könne, sondern gegen fremde Lohnfuhrleute. Mit diesen darf man nicht abreisen und über Poststationen hinaus fahren, ohne sich mit der Post abgefunden zu haben. Wenn man sich dieser Ordnung unterwirft und vornehmlich auf den berührten Poststationen die Gebühren entrichtet; so kann man übrigens reisen, wohin und mit wem man will. Auch hat die Post nichts dabei zu erinnern, wenn man mit gemietheten Pferden, oder mit Lohnkutschern Reisen nach nahe gelegenen Oertern verrichtet. Die Abgabe des Stationsgeldes wird nur verlanget, wenn die Miethskutscher über Poststationen hinausfahren auf einer Straße, wo Posthaltereien angelegt sind und zur Beförderung der Reisenden unterhalten werden.

Diese Einrichtungen scheinen zwar mit einigem Zwange verknüpft zu seyn. Allein in Ländern, wo sie nicht sind, läßt es sich auch in manchen Fällen nicht gut reisen. Jeder hat doch nicht eigene Pferde, oder kann sie auf weite Touren nicht nehmen. Fuhrleute, welche weite Reisen übernehmen wollen und können, findet man auch nicht überall. Daher bleibt doch die Anordnung eines regelmäßigen Extrapostwesens immer noch ein sehr nützliches und diensames Surrogat. Und wenn es auf dem bisherigen, noch zur Zeit einzig möglichen Fuße bestehen soll; so kann auch die Abgabe der Stationsgelder nicht vermieden und abgeschaft werden, wie man leicht einsiehet, und wovon sich einst der würdige Schlözzer zu überzeugen Gelegenheit hatte.